OÙ EST CHARLIE?

TOUT CHARLIE DANS UNE ÉDITION À
METTRE DANS TOUTES LES POCHES

MARTIN HANDFORD

GRÜND

SALUT, FANS DE CHARLIE,

ÊTES-VOUS PRÊTS À ME REJOINDRE DANS
SEPT DE MES GRANDES AVENTURES:

OÙ EST CHARLIE?
CHARLIE REMONTE LE TEMPS
OÙ EST CHARLIE? LE VOYAGE FANTASTIQUE
OÙ EST CHARLIE? À HOLLYWOOD
OÙ EST CHARLIE? LE LIVRE MAGIQUE
OÙ EST CHARLIE? LA GRANDE EXPO
OÙ EST CHARLIE? LE CARNET SECRET

POURREZ-VOUS RETROUVER NOS CINQ
VOYAGEURS ET LEURS PRÉCIEUX OBJETS?

POUAH   BLANCHE-BARBE   FÉLICIE   OUAF   CHARLIE

 LA CLEF
DE CHARLIE    L'OS DE OUAF   L'APPAREIL PHOTO
DE FÉLICIE

LE PARCHEMIN DE
BLANCHEBARBE   LES JUMELLES
DE POUAH

ATTENDEZ! AU DÉBUT ET À LA FIN DE CHAQUE
AVENTURE, N'OUBLIEZ PAS LES LISTES DE
SUJETS ET OBJETS À RECHERCHER!

BONNE CHANCE ET BON VOYAGE!

CHARLIE

SALUT LES COPAINS,
JE M'APPELLE CHARLIE! JE ME PRÉPARE À FAIRE
UN TOUR DU MONDE. SI VOUS VOULEZ, JE VOUS
EMMÈNE AVEC MOI. VOTRE PRINCIPAL TRAVAIL
SERA DE ME TROUVER. JE SUIS BIEN ÉQUIPÉ :
CANNE, BOUILLOIRE, MAILLET, TASSE, SAC À DOS,
DUVET, JUMELLES, APPAREIL PHOTO, MASQUE ET
TUBA, CEINTURE, SACOCHE ET MÊME UNE PELLE.
AU FAIT, JE NE VOYAGE PAS SEUL, DE NOMBREUX
PERSONNAGES M'ACCOMPAGNENT. TOUT D'ABORD,
OUAF (DONT ON NE VOIT QUE LA QUEUE), PUIS
FÉLICIE, LE MAGE BLANCHEBARBE ET, ENFIN, POUAH.
VINGT-CINQ DE MES FANS ME SUIVENT AUSSI ;
CHACUN N'APPARAÎT QU'UNE FOIS. ET PUIS,
UN AUTRE PERSONNAGE S'EST GLISSÉ DANS
TOUTES LES SCÈNES ; IL N'EST PAS DESSINÉ
CI-DESSOUS. POURREZ-VOUS LE REPÉRER ? POUR
FINIR, IL VOUS FAUDRA TROUVER DANS CHAQUE
SCÈNE MA CLEF, L'OS DE OUAF, L'APPAREIL PHOTO
DE FÉLICIE, LE PARCHEMIN DE BLANCHEBARBE,
SANS OUBLIER LES JUMELLES DE POUAH.

BON COURAGE !

Charlie

OÙ EST CHARLIE ? PREMIÈRE PARTIE

Encore une foule de choses à trouver et de gags pour les fans de Charlie.

EN VILLE

- [ ] Un chien en laisse sur un toit
- [ ] Un homme sur un jet d'eau
- [ ] Quelqu'un qui va trébucher
- [ ] Un carambolage de voitures
- [ ] Un coiffeur particulièrement efficace
- [ ] Des téléspectateurs dans la rue
- [ ] Un pneu crevé par un Romain
- [ ] Une musique bien triste
- [ ] Une plante bien agressive
- [ ] Un serveur plutôt étourdi
- [ ] Deux pompiers qui se saluent
- [ ] Un visage sur un mur
- [ ] Un homme sortant des égouts
- [ ] Un ami des pigeons
- [ ] Un accident de bicyclettes

À LA PLAGE

- [ ] Un chien à lunettes
- [ ] Un homme très frileux
- [ ] Un athlète à médaille
- [ ] Une fille qui a du succès
- [ ] Quelqu'un qui fait du ski nautique
- [ ] Deux moitiés d'athlète
- [ ] Un matelas pneumatique percé
- [ ] Un âne qui adore les glaces
- [ ] Un homme en passe de périr écrasé
- [ ] Les derniers moments d'un ballon de plage
- [ ] Une pyramide acrobatique
- [ ] Un homme paillasson
- [ ] Un couple bizarrement assorti
- [ ] Un cow-boy
- [ ] Un homme en laisse
- [ ] Deux amies à lunettes
- [ ] Deux parasols rouge et blanc
- [ ] Deux hommes en T-shirt, un sans
- [ ] Le supplice de l'araignée
- [ ] Un concours de pâtés
- [ ] Une équipe de voleurs de chapeaux
- [ ] Un chien couleur sable
- [ ] Trois langues pendantes
- [ ] Deux chapeaux qui ont une drôle d'allure
- [ ] Un couple bizarrement accoutré
- [ ] Cinq coureurs
- [ ] Une serviette trouée
- [ ] Un aéroglisseur perforé
- [ ] Un petit garçon qui n'a pas droit aux glaces

AUX SPORTS D'HIVER

- [ ] Un homme qui lit sur un toit
- [ ] Un skieur qui vole malgré lui
- [ ] Un skieur qui aura du mal à s'arrêter
- [ ] Quelqu'un qui skie à l'envers
- [ ] Une silhouette dessinée dans la neige
- [ ] Un pêcheur en pleine infraction
- [ ] Un skieur qui a traversé une maison
- [ ] Deux skieurs qui ont perdu connaissance
- [ ] Deux skieurs qui embrassent un arbre
- [ ] Une trompe de montagne
- [ ] Un bonhomme de neige qui fait du ski
- [ ] Un collectionneur de drapeaux
- [ ] Quatre personnes tout de jaune vêtues
- [ ] Un skieur au sommet d'un arbre
- [ ] Un skieur nautique
- [ ] Un abominable homme des neiges
- [ ] Deux rennes sur des skis
- [ ] Un toit transformé en tremplin
- [ ] Un skieur en renversant cinq autres

AU TERRAIN DE CAMPING

- [ ] Une haie bizarrement taillée
- [ ] De drôles de cornes
- [ ] Un requin dans le canal
- [ ] Une corrida inattendue
- [ ] Un coup de pied malencontreux
- [ ] Un thé bien mal servi
- [ ] Un pont trop bas
- [ ] Un maillet assommoir
- [ ] Un homme qui se déshabille
- [ ] Une bicyclette qui va avoir des ennuis
- [ ] Cinq chiens
- [ ] Un épouvantail peu efficace
- [ ] Un wigwam
- [ ] De superbes biceps
- [ ] Une tente qui s'est écrasée
- [ ] Un barbecue qui fume
- [ ] Un pêcheur de vieilles bottes
- [ ] Un gladiateur
- [ ] Un Père Noël égaré
- [ ] Des randonneurs assoiffés
- [ ] Un bateau qui gonfle un homme
- [ ] Un maître d'hôtel
- [ ] Un scout qui fait du feu
- [ ] Un randonneur en rollers
- [ ] Une cafetière renversée
- [ ] Une caravane mal en point

À LA GARE

- [ ] Un homme tombant du train
- [ ] Une panne sur la voie ferrée
- [ ] Cinq valises sur un chariot
- [ ] Une porte ouverte avec énergie
- [ ] Un homme qui va marcher sur une balle
- [ ] Trois pendules qui ne sont pas d'accord
- [ ] Une brouette-berceau
- [ ] Un train à côté de ses rails
- [ ] Un journal pour cinq personnes
- [ ] Une pyramide de bagages
- [ ] Deux valises mal fermées
- [ ] Une locomotive qui fume
- [ ] Une mauvaise répartition sur un banc
- [ ] Un porteur dépassé
- [ ] Un homme assis sur sa valise
- [ ] Un chien agressif
- [ ] Un bras coincé dans une porte
- [ ] Un troupeau qui sème la panique
- [ ] Un homme vraiment trop lourd

À L'AÉROPORT

- [ ] Une soucoupe volante
- [ ] Un garçon sur le tapis roulant des bagages
- [ ] Un petit frondeur
- [ ] Un tuyau de kérosène percé
- [ ] Des contrôleurs qui jouent au badminton
- [ ] Une fusée
- [ ] Une tour fortifiée de contrôle aérien
- [ ] Trois contrebandiers
- [ ] Des galopins sur un avion
- [ ] Une valise bien envoyée
- [ ] Un douanier pressé
- [ ] Une chaussette à air
- [ ] Un avion qui ne peut pas voler
- [ ] Un as du pilotage
- [ ] Dracula en famille
- [ ] Cinq hommes pour gonfler un ballon
- [ ] Des coureurs sur une piste
- [ ] Quatre fumeurs
- [ ] Un escalier mal placé
- [ ] Des vaches qui regardent des avions
- [ ] Des pompiers trop dynamiques
- [ ] Trois pilotes qui s'entraînent curieusement
- [ ] Dix-huit employés avec une casquette jaune

SALUT LES COPAINS,
JE M'APPELLE CHARLIE! JE ME PRÉPARE À FAIRE
UN TOUR DU MONDE. SI VOUS VOULEZ, JE VOUS
EMMÈNE AVEC MOI. VOTRE PRINCIPAL TRAVAIL
SERA DE ME TROUVER. JE SUIS BIEN ÉQUIPÉ :
CANNE, BOUILLOIRE, MAILLET, TASSE, SAC À DOS,
DUVET, JUMELLES, APPAREIL PHOTO, MASQUE ET
TUBA, CEINTURE, SACOCHE ET MÊME UNE PELLE.
AU FAIT, JE NE VOYAGE PAS SEUL, DE NOMBREUX
PERSONNAGES M'ACCOMPAGNENT. TOUT D'ABORD,
OUAF (DONT ON NE VOIT QUE LA QUEUE), PUIS
FÉLICIE, LE MAGE BLANCHEBARBE ET, ENFIN, POUAH.
VINGT-CINQ DE MES FANS ME SUIVENT AUSSI;
CHACUN N'APPARAÎT QU'UNE FOIS. ET PUIS,
UN AUTRE PERSONNAGE S'EST GLISSÉ DANS
TOUTES LES SCÈNES; IL N'EST PAS DESSINÉ
CI-DESSOUS. POURREZ-VOUS LE REPÉRER ? POUR
FINIR, IL VOUS FAUDRA TROUVER DANS CHAQUE
SCÈNE MA CLEF, L'OS DE OUAF, L'APPAREIL PHOTO
DE FÉLICIE, LE PARCHEMIN DE BLANCHEBARBE,
SANS OUBLIER LES JUMELLES DE POUAH.

BON COURAGE!

Charlie

SALUT,
FANS DE CHARLIE!
C'ÉTAIT SUPER À LA PLAGE
AUJOURD'HUI! J'AI VU UNE PETITE
FILLE JETER UNE GLACE À LA TÊTE
DE SON FRÈRE, ET UN CHÂTEAU
DE SABLE AVEC UN VRAI CHEVALIER
EN ARMURE À L'INTÉRIEUR!
C'ÉTAIT GÉNIAL!

Charlie

OÙ EST
À
.LA PLAGE..
CHARLIE?

DEST. :
FANS DE CHARLIE,
ICI, LÀ,
PARTOUT.

COUCOU, LA BANDE À CHARLIE!
EN DESCENDANT QUELQUES PISTES,
J'AI VU DES CHOSES INCROYABLES!
IL Y AVAIT UN SKIEUR QUI OFFRAIT
DES FLEURS À SA PETITE AMIE,
UN AUTRE QUI TRANSPORTAIT
UNE ANCRE SUR SON ÉPAULE,
UN AUTRE ENCORE QUI
DESCENDAIT LA PENTE, PRIS DANS
UNE ÉNORME BOULE DE NEIGE!
C'EST À PEINE CROYABLE, NON?

Charlie

DEST. :
LA BANDE À CHARLIE,
EN HAUT,
EN BAS,
PARTOUT AILLEURS.

OÙ EST
AUX
SPORTS
D'HIVER
CHARLIE

ATTENTION! ATTENTION!
ADMIRATEURS DE CHARLIE!
AVEZ-VOUS DÉJÀ VU DES SIRÈNES
DANS UN CANAL? UN CHIEN
PARÉ D'UNE COIFFURE D'INDIEN?
OU UN BALLON DE FOOT LANCÉ
D'UN PIED SÛR TRAVERSER UNE
CARAVANE? MOI, J'AI VU TOUT
CELA AUJOURD'HUI!
C'ÉTAIT ABSOLUMENT FABULEUX!

Charlie

OÙ EST
AU TERRAIN
DE CAMPING
À
CHARLIE?

DEST. :
ADMIRATEURS
DE CHARLIE,
NORD DU PÔLE SUD,
EST DU PÔLE OUEST,
PLANÈTE TERRE.

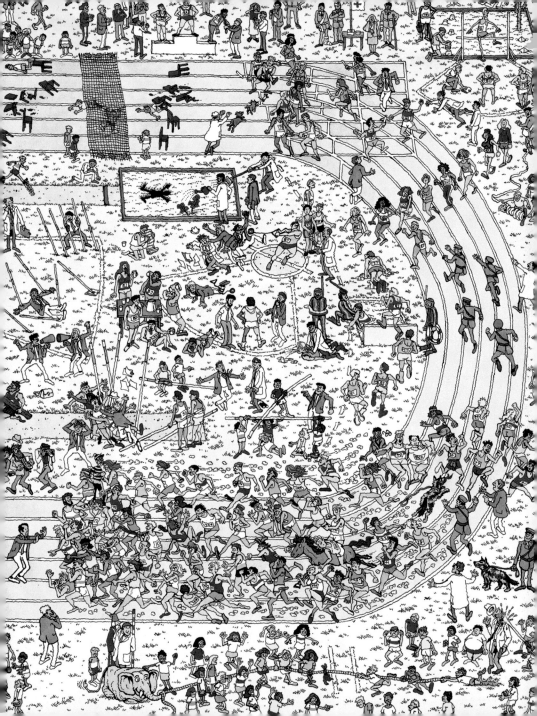

COMMENT ALLEZ-VOUS,
CHERS ÉLÈVES?
COMME VOUS LE SAVEZ, JE SUIS
TRÈS INTELLIGENT. J'APPRENDS
BEAUCOUP DANS LES MUSÉES.
J'AI COMPRIS COMMENT
ON CHATOUILLE LES DOIGTS DE PIED
D'UN GARDIEN COINCÉ AU PILORI,
COMMENT ON FAIT TOMBER UNE
ARMURE, COMMENT LES MOMIES
ÉGYPTIENNES PORTENT LEUR
BÉBÉ. C'EST BEAU LA SCIENCE!

Charlie

DEST. :
ÉLÈVES DE CHARLIE,
ÉCOLE,
PROBLÈMES,
TOUJOURS.

OÙ EST
AU
MUSÉE
CHARLIE?

LARGUEZ LES AMARRES,
MARINS DE CHARLIE!
COMMENT VOUS DÉCRIRE
LES MERVEILLES QUE J'AI APERÇUES?
UN HOMARD ALLONGÉ DANS UN LIT
FLOTTANT! UNE ÎLE DÉSERTE
QUI CHAVIRE! UN REQUIN
DANS UNE PISCINE!
MAIS... M'AVEZ-VOUS TROUVÉ?
TELLE EST LA VRAIE QUESTION.

Charlie

DEST. :
MARINS DE CHARLIE,
AU FOND
DE LA MARE,
AU BORD
DE LA CRIQUE.

OÙ EST EN MER CHARLIE

REGARDEZ BIEN,
VOUS QUI GUETTEZ CHARLIE!
JE SUIS ABASOURDI PAR TOUT
CE QUE J'AI VU AUJOURD'HUI :
UNE FEMME QUI BRÛLE
UN PANTALON AVEC UN FER
À REPASSER, UN HOMME QUI
ENLÈVE SES HABITS POUR
LES LAVER, UN GANT QUI TENTE
D'ÉTRANGLER UN CLIENT... BREF !
UN TAS DE TRUCS INCROYABLES !

Charlie

DEST. :
LES GUETTEURS
DE CHARLIE,
DANS LA LUNE,
L'OUEST SAUVAGE,
MAINTENANT.

OÙ EST
AU
GRAND
MAGASIN
CHARLIE ?

RETROUSSEZ VOS MANCHES,
JOYEUX COMPAGNONS DE CHARLIE!
VOUS DEVEZ RETOURNER AU DÉBUT
DE CE LIVRE ET RETROUVER
TOUTES LES PIÈCES DE MON
ÉQUIPEMENT, PUISQUE J'EN AI
OUBLIÉ UNE DANS CHAQUE
ENDROIT OÙ JE SUIS PASSÉ.
ET CE N'EST PAS TOUT : L'UN
DE MES FANS A PERDU LE POMPON
DE SON CHAPEAU. LEQUEL EST-CE?
ET OÙ EST SON POMPON?

Charlie

DEST. :
LES JOYEUX
COMPAGNONS
DE CHARLIE,
RETOUR À LA CASE
DÉPART, POUR
UN NOUVEAU DÉBUT,
EXTRA.

OÙ EST
À LA FÊTE
FORAINE
CHARLIE?

OÙ EST CHARLIE ?
DEUXIÈME PARTIE

AU STADE

- Six pieds qui dépassent du sable
- Un cow-boy qui donne le départ
- Des coureurs d'obstacles fatigués
- Dix enfants avec quinze jambes
- Un lanceur de disques vinyles
- Quelqu'un qui jongle avec des poids
- Un cornet acoustique bien nécessaire
- Un coureur sur deux-roues
- Quelqu'un qui saute en parachute
- Un Écossais avec un tronc d'arbre
- Un éléphant tirant une corde
- Un marteau qui frappe fort
- Un amoureux des fleurs
- Trois hommes-grenouilles
- Un coureur nu
- Un lit
- Une momie
- Un coureur sur quatre pattes
- Les traces d'un champion disparu
- Deux athlètes avec une serviette rayée
- Un chien chassant un chat, chassant une souris
- Un homme qui recrache de l'eau
- Un arbitre en mauvaise posture

AU MUSÉE

- Un énorme squelette
- Un clown arroseur
- Un enfant dans une catapulte
- Un nid d'oiseaux dans une coiffure
- Un bandit de grand chemin
- Un biceps qui explose
- Un cadre rond
- Un téléspectateur du Moyen Âge
- Des voleurs de tableaux
- Un tableau qui fume
- Une aquarelle qui fuit
- Deux tableaux qui se battent
- Une reine jalouse
- Un tableau malpoli
- Trois hommes des cavernes
- Une femme à l'écharpe rouge
- Deux jeunes conducteurs de chars
- Une perruque mal fixée

EN MER

- Un bateau transpercé par une flèche
- Un combat à l'épée avec un espadon
- Une classe de baleines
- Des matelots qui ont le mal de mer
- Un scaphandre en mauvais état
- Un accrochage en mer
- Une baignoire
- Un entraîneur musclé
- Une bataille navale
- Un pêcheur bien heureux
- Trois bûcherons
- Des pêcheurs malchanceux
- Deux skieurs qui s'emmêlent
- Des mouettes voleuses
- Un cow-boy de mer
- Un poisson cabotin
- Une pieuvre qui passe à l'attaque
- Des pirates à l'abordage
- Des chineurs dans une jonque
- D'irrésistibles Vikings
- Un rameur maladroit

À LA RÉSERVE

- L'arche de Noé
- Un message dans une bouteille
- Un hippopotame qui se fait brosser les dents
- Un cerf qui aime les oiseaux
- Un singe voyageur
- Un voleur de glaces
- Un passage pour zèbres
- Un père Noël en fâcheuse posture
- Une sortie de labyrinthe imprévue
- Une licorne
- Une famille mise en cage
- Une voiture conduite par un lion
- Un pique-nique chez les ours
- Tarzan
- Des lionceaux en uniforme
- Deux femmes avec un sac à main rouge
- Deux queues pour les toilettes
- Un salon de beauté pour félins
- Un éléphant qui lave une voiture

AU GRAND MAGASIN

- Une démonstration de repassage
- Un enfant tout de rouge vêtu, en poussette
- Des bottes chaussées à l'envers
- Un homme croulant sous des paquets
- Un aspirateur qui se conduit bien mal
- Un acheteur de papier peint maladroit
- Un homme lavant ses vêtements
- Une femme trébuchant sur une balle
- Un enfant dans un cabas à roulettes
- Un gant plein de vie
- Un chien affectueux
- Un homme qui essaie une veste trop grande

À LA FÊTE FORAINE

- Un canon au stand de tir
- Une auto tamponneuse féroce
- Dix cerceaux de couleurs
- Un choc imminent sur le grand huit
- Une poupée de chiffon
- Une fusée qui décolle
- Un cheval de bois fugueur
- Une maison hantée
- Sept enfants et un chien perdus
- Une collision entre deux tanks
- Des athlètes maladroits
- Trois clowns
- Trois ours démasqués

QUELLE AVENTURE !

Avez-vous découvert l'unique scène où
Charlie et Pouah ont tous les deux égaré
leurs jumelles ? Les jumelles de Pouah sont
celles qui sont le plus près de lui. Avez-vous
repéré le personnage qui se cache dans
chaque scène ? Si ce n'est pas le cas,
continuez vos explorations !

LE LIVRE PASSIONNANT QUI VOUS DIT TOUT SUR LES HOMMES DES CAVERNES, FEMMES, CHIENS DES CAVERNES, ET LES ANIMAUX TRÈS TRÈS SAUVAGES DE L'ÂGE DE LA PIERRE.

JE VOUS DIS CELA EN PASSANT : CERTAINES ÉPOQUES DE L'HISTOIRE SONT PASSIONNANTES, ÉTONNANTES. JE ME SUIS ASSIS POUR LIRE TOUS CES LIVRES SUR LE PASSÉ, C'ÉTAIT COMME UNE MACHINE À REMONTER LE TEMPS. VOULEZ-VOUS ESSAYER ? IL VOUS SUFFIT D'ENTRER DANS LA SCÈNE ET DE ME TROUVER, AINSI QUE OUAF (VOUS VOUS SOUVENEZ, ON NE VOIT QUE SA QUEUE), FÉLICIE, LE MAGE BLANCHEBARBE ET POUAH. ENSUITE, VOUS DEVREZ CHERCHER MA CLEF, L'OS DE OUAF (DANS CETTE SCÈNE, C'EST CELUI QUI EST LE PLUS PRÈS DE SA QUEUE), L'APPAREIL PHOTO DE FÉLICIE, LE MANUSCRIT DE BLANCHEBARBE ET LES JUMELLES DE POUAH.

IL Y A AUSSI VINGT-CINQ DE MES FANS ; CHACUN D'EUX N'APPARAÎT QU'UNE FOIS. ET CE N'EST PAS FINI : UN AUTRE PERSONNAGE S'EST GLISSÉ DANS TOUTES LES SCÈNES ; IL N'EST PAS DESSINÉ CI-DESSOUS. POURREZ-VOUS LE DÉCOUVRIR ?

Charlie

L'ÂGE DE LA PIERRE

- [ ] Quatre hommes qui se balancent
- [ ] Un accident avec une hache
- [ ] Une grande invention
- [ ] Un rodéo
- [ ] Des sangliers chassant l'homme
- [ ] Des hommes chassant le sanglier
- [ ] Un homme des cavernes romantique
- [ ] Un mammouth arroseur
- [ ] Un homme qui a trop mangé
- [ ] Un piège à ours
- [ ] Un mammouth dans la rivière
- [ ] Un étal de fruits
- [ ] Une charge de rhinocéros
- [ ] Un tigre à la queue efficace
- [ ] Une trompe qui tient un tronc
- [ ] Une partie de massue
- [ ] Le cinéma de l'âge des cavernes
- [ ] Un sanglier sens dessus dessous
- [ ] Un chien trop gâté
- [ ] Une leçon pour les dinosaures
- [ ] Un jet d'os
- [ ] Une dangereuse pêche à l'épieu

L'ÉNIGME DES PYRAMIDES

- [ ] Une pyramide à l'envers
- [ ] Un sarcophage tête en bas
- [ ] Des dieux qui posent pour leur portrait
- [ ] Deux mains qui dépassent
- [ ] Deux pieds qui dépassent
- [ ] Un homme gros et son portrait
- [ ] Dix-sept hommes qui tirent la langue
- [ ] Des pierres qui défient la pesanteur
- [ ] Des vandales égyptiens
- [ ] Des graffitis égyptiens
- [ ] Une drôle de manière de faire le ménage
- [ ] Un sphinx assoiffé
- [ ] Un bloc de pierre qui s'échappe
- [ ] Un léopard affectueux
- [ ] Un coup de trompe énergique
- [ ] Un bas-relief qui tire une flèche
- [ ] Un porteur d'eau inattentif
- [ ] Un bain de soleil dangereux
- [ ] Une séance de traite désordonnée
- [ ] Une momie et son bébé
- [ ] Des pyramides de sable

LES JOIES DU CIRQUE...

- [ ] Un conducteur de char sans char
- [ ] Les nettoyeurs du cirque
- [ ] Un combat inégal
- [ ] Un gagnant qui va perdre
- [ ] Un lion qui sait se tenir à table
- [ ] Un essieu meurtrier
- [ ] Des lionceaux qu'on taquine
- [ ] Quatre boucliers à l'image de leur porteur
- [ ] Une pyramide de lions
- [ ] Des lions qui mettent le pouce en bas
- [ ] Un léopard qui chasse une peau de léopard
- [ ] Un empereur qui va avoir des ennuis
- [ ] Un musicien épouvantable
- [ ] Un soulèvement à coups de fourche
- [ ] Un cheval qui tient les rennes
- [ ] Un léopard amoureux
- [ ] Un comptable romain
- [ ] Un gladiateur qui perd ses sandales

LA TERREUR VIKING

- [ ] Une figure de proue euphorique
- [ ] Deux figures de proues amoureuses
- [ ] Un homme qui sert de massue
- [ ] Un mouton qui pleure
- [ ] Deux mauvaises cachettes
- [ ] Des Vikings à l'âme d'enfant
- [ ] Une femme pleine d'énergie
- [ ] Un aigle qui joue à être un casque
- [ ] Un marin qui déchire une voile
- [ ] Un Viking fortement armé
- [ ] Un coup d'épée malencontreux
- [ ] Trois lances décapitées
- [ ] Quelqu'un qui a le feu au derrière
- [ ] Un bateau courbe
- [ ] Une figure de proue effrayée
- [ ] Deux cornes emmêlées
- [ ] Un casque orné de toile d'araignée
- [ ] Une fumée en forme de casque
- [ ] Une course de taureau imprévue

LA FIN DES CROISADES

- [ ] Un chat sur une catapulte
- [ ] Un homme sur une catapulte
- [ ] Un homme qui fait le pont
- [ ] Une clé hors de portée
- [ ] Une hache mal emmanchée
- [ ] Un chaudron d'huile bouillante
- [ ] Un bélier
- [ ] Des croisés qui ont du mal à respirer
- [ ] Le produit d'une lessive
- [ ] Deux catapultes catastrophiques
- [ ] Une catapulte mal dirigée
- [ ] Trois serpents
- [ ] Un croisé qui fait la sieste
- [ ] Deux croisés qui se font bronzer
- [ ] Des croisés aplatis
- [ ] Un harem à l'avenir compromis
- [ ] Un croisé qui casse une échelle
- [ ] Un assiégé qui a le bras long

LE SAMEDI MATIN AU MOYEN ÂGE

- [ ] Une cascade peu ragoûtante
- [ ] Des archers qui manquent la cible
- [ ] Un chevalier assis à l'envers
- [ ] Un chien, un chat, derrière des oiseaux
- [ ] Une longue file de pickpockets
- [ ] Un chevalier qui manque d'entraînement
- [ ] Un homme qui fait danser un ours
- [ ] Un ours qui fait danser un homme
- [ ] Un bourreau serviable
- [ ] Des voleurs de fruits et légumes
- [ ] Des tonneaux en équilibre précaire
- [ ] Un jongleur habile
- [ ] Un très grand coup à boire
- [ ] Une bête lourdement chargée
- [ ] Deux moines saouls
- [ ] Un mendiant bien poli
- [ ] Un poisson en colère
- [ ] Une tortue chatouilleuse
- [ ] Des ménestrels qui chantent mal

LE LIVRE PASSIONNANT QUI VOUS DIT TOUT SUR LES HOMMES DES CAVERNES, FEMMES.

CHIENS DES CAVERNES ET LES ANIMAUX TRÈS TRÈS SAUVAGES DE L'ÂGE DE LA PIERRE.

JE VOUS DIS CELA EN PASSANT : CERTAINES ÉPOQUES DE L'HISTOIRE SONT PASSIONNANTES, ÉTONNANTES. JE ME SUIS ASSIS POUR LIRE TOUS CES LIVRES SUR LE PASSÉ, C'ÉTAIT COMME UNE MACHINE À REMONTER LE TEMPS. VOULEZ-VOUS ESSAYER ? IL VOUS SUFFIT D'ENTRER DANS LA SCÈNE ET DE ME TROUVER, AINSI QUE OUAF (VOUS VOUS SOUVENEZ, ON NE VOIT QUE SA QUEUE), FÉLICIE, LE MAGE BLANCHEBARBE ET POUAH. ENSUITE, VOUS DEVREZ CHERCHER MA CLEF, L'OS DE OUAF (DANS CETTE SCÈNE, C'EST CELUI QUI EST LE PLUS PRÈS DE SA QUEUE), L'APPAREIL PHOTO DE FÉLICIE, LE MANUSCRIT DE BLANCHEBARBE ET LES JUMELLES DE POUAH.

IL Y A AUSSI VINGT-CINQ DE MES FANS ; CHACUN D'EUX N'APPARAÎT QU'UNE FOIS. ET CE N'EST PAS FINI : UN AUTRE PERSONNAGE S'EST GLISSÉ DANS TOUTES LES SCÈNES ; IL N'EST PAS DESSINÉ CI-DESSOUS. POURREZ-VOUS LE DÉCOUVRIR ?

Charlie

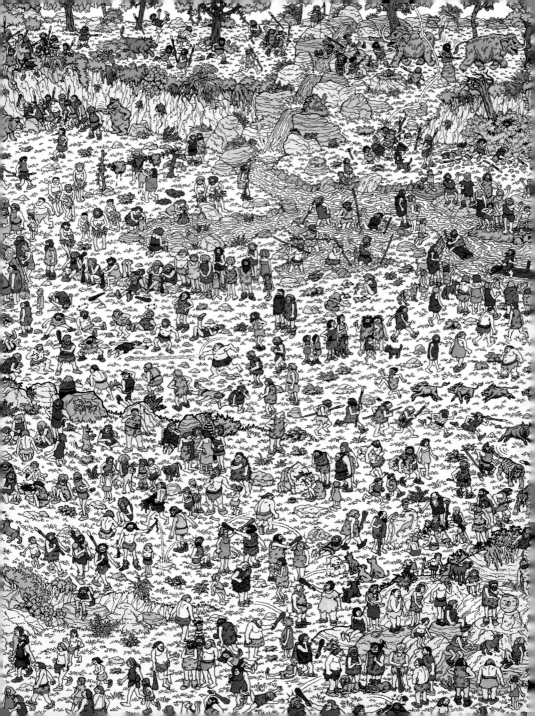

IL Y A 4578 ANS

L'ENIGME DES PYRAMIDES

PEUPLE INDUSTRIEUX, AMOUREUX DES CHATS ET DES SPHINX, LES ÉGYPTIENS ONT INVENTÉ LA PYRAMIDE. ILS EN CONSTRUISIRENT D'ÉNORMES DANS LE DÉSERT. ON N'A JAMAIS BIEN SU À QUOI ELLES POUVAIENT SERVIR. TERRAINS DE JEUX POUR LES MOMIES? HABITATIONS SOMMAIRES SANS PORTES NI FENÊTRES? TOMBES DE PHARAONS? LA DERNIÈRE HYPOTHÈSE PRÉVAUT, MAIS LA QUESTION SOULÈVE ENCORE BIEN DES DÉBATS.

IL Y A 2000 ANS

LES JOIES
DV CIRQVE
DANS LA ROME
ANTIQVE.

LES ROMAINS ÉTAIENT DES
GUERRIERS ET DES CONQUÉ-
RANTS. ILS CONSTRUISAIENT
DES ROUTES ET APPRENAIENT
LE LATIN. EN FIN DE SEMAINE,
ILS ASSISTAIENT AUX JEUX DU
CIRQUE, AU COLISÉE. CE PEUPLE
DÉLICAT Y COMBATTAIT FURIEU-

SEMENT, Y DONNAIT LES CHRÉ-
TIENS À MANGER AUX LIONS ET
DISPUTAIT DES COURSES DE
CHARS. DANS LES COMBATS, LA VIE
DES GLADIATEURS ÉTAIT SUSPEN-
DUE AUX POUCES DES SPECTA-
TEURS : LE POUCE EN BAS, ILS
ÉTAIENT EXÉCUTÉS ; LE POUCE EN
L'AIR, ILS AVAIENT LA VIE SAUVE...
JUSQU'À LA FOIS SUIVANTE !

IL Y A 1003 ANS

LA TERREUR VIKING

À LA MAISON, LES VIKINGS ÉTAIENT UN PEUPLE CALME QUI AIMAIT LE FROMAGE, LE TRICOT ET AUTRES CHOSES ENNUYEUSES, MAIS, DÈS QU'ILS SORTAIENT DE CHEZ EUX, ILS DEVENAIENT DE VRAIS SAUVAGES. ILS NAVIGUAIENT EN CHANTANT ET HURLANT COMME DES FORCENÉS, QUAND ILS DÉBARQUAIENT, IL VALAIT MIEUX S'ENFUIR, CAR RIEN NE LES ARRÊTAIT.

IL Y A 800 ANS

La fin des Croisades

APRÈS DEUX CENTS ANS DE QUERELLES OBSTINÉES AVEC LES SARRASINS QUI REFUSAIENT DE LEUR MONTRER LA ROUTE DE JÉRUSALEM, UN JOUR LES CROISÉS N'EURENT PLUS UNE CHEMISE PROPRE. ILS RENTRÈRENT DONC EN LEUR CHÂTEAU, OÙ ILS CONTÈRENT LEURS EXPLOITS, DES ANNÉES DURANT : LES PALAIS FABULEUX QU'ILS AVAIENT ASSIÉGÉS, LES PEUPLES FASCINANTS QU'ILS AVAIENT BOMBARDÉS DE PIERRES. NON ! FINALEMENT, LES CROISÉS N'AVAIENT PAS ENTIÈREMENT PERDU LEUR TEMPS !

IL Y A 600 ANS

Le samedi matin au Moyen Âge

Le Moyen Âge était une époque très gaie, particulièrement le samedi, aussi longtemps que l'on avait pas affaire à la loi. Les hommes portaient des tuniques courtes et d'étroits hauts-de-chausses. Ils étaient d'un naturel joueur : joutes et tournois se succédaient sans fin. Toutefois, dès que vous vous attiriez des ennuis, l'époque devenait franchement désagréable, et ceux qui étaient exposés au pilori ou attendaient d'être pendus trouvaient qu'il n'y avait pas de quoi rire le samedi matin.

IL Y A 171 185 JOURS

DERNIERS JOURS DES AZTÈQUES

Établis sous le chaud soleil du Mexique, les Aztèques, peuple riche et puissant, aimaient à tournoyer autour de grands poteaux pour faire comme s'ils étaient des aigles. Ils offraient à leurs dieux des sacrifices humains, aussi valait-il mieux se conformer à tout ce qu'ils disaient. Les Espagnols aussi étaient riches et puissants et, pour chercher aventure, des conquistadors, menés par Hernán Cortés, débarquèrent en 1519. Ils pensèrent bientôt que les Aztèques étaient une espèce nuisible, tout juste bonne à se faire massacrer.

IL Y A 400 ANS

Le rouge vaut-il mieux que le bleu ? Comment ? Votre poème sur les cerisiers en pleur serait plus beau que le mien ? Sur ces délicates questions, les Japonais s'entretuèrent pendant des siècles. Les samouraïs portaient une armure et leur drapeau dans le dos. Les simples soldats s'appelaient les ashigaru. Vivant de pillages et de brigandage, ils n'avaient malheureusement aucun sens de l'humour, pas plus d'ailleurs que les samouraïs.

JADIS AU JAPON

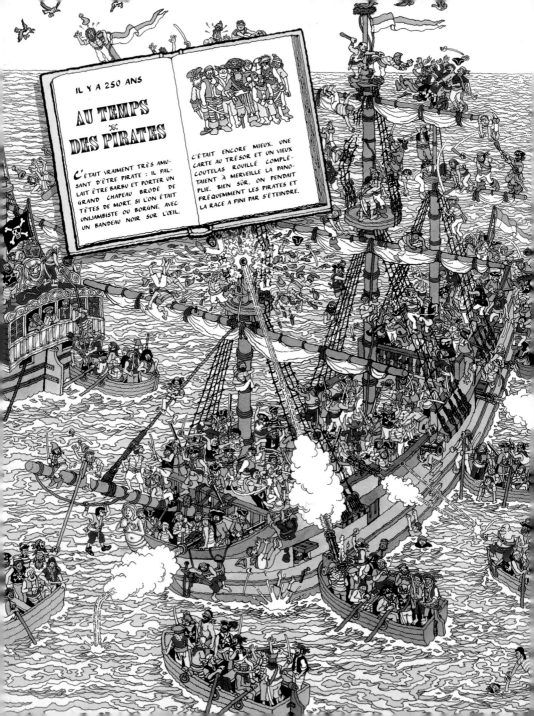

IL Y A 250 ANS

AU TEMPS
DES PIRATES

C'était vraiment très amusant d'être pirate : il fallait être barbu et porter un grand chapeau brodé de têtes de mort. Si l'on était unijambiste ou borgne, avec un bandeau noir sur l'œil,

c'était encore mieux. Une carte au trésor et un vieux coutelas rouillé complétaient à merveille la panoplie. Bien sûr, on pendait fréquemment les pirates et la race a fini par s'éteindre.

IL Y A PLUS DE 100 ANS

GRAND BAL
A L'OPERA

L'HISTOIRE DE FRANCE CONNAÎT DE CURIEUX RACCOURCIS, COMME CEUX PROVOQUÉS PAR LA GUILLOTINE PENDANT LA RÉVOLUTION, ET DES DÉTOURS BIEN SINGULIERS COMME LES ROBES À CRINOLINE. EN 1870, NAPOLÉON,

TROISIÈME DU NOM, ORGANISA UN GRAND BAL À PARIS POUR SE CHANGER LES IDÉES. LES INVITÉS DANSÈRENT TOUTE LA NUIT SUR UN AIR QUI ALLAIT BIENTÔT DEVENIR À LA MODE : LA TROISIÈME RÉPUBLIQUE.

IL Y A 100 ANS
LA RUÉE VERS L'OR

À LA FIN DU XIXE SIÈCLE, DES MILLIERS D'AMÉRICAINS EXCITÉS SE RUAIENT COMME DES FOUS VERS DES TROUS CREUSÉS DANS LE SOL, AVEC L'ESPOIR D'Y DÉCOUVRIR DE L'OR. EN RÉALITÉ, LA PLUPART N'ONT MÊME PAS RÉUSSI À TROUVER CES FAMEUX TROUS, MAIS ILS MENAIENT AU MOINS UNE VIE SAINE, PLEINE D'EXERCICE, BALAYÉE PAR L'AIR PUR ET VIVIFIANT DU DÉSERT. ET LA SANTÉ VAUT BIEN TOUT L'OR DU MONDE, NON ?

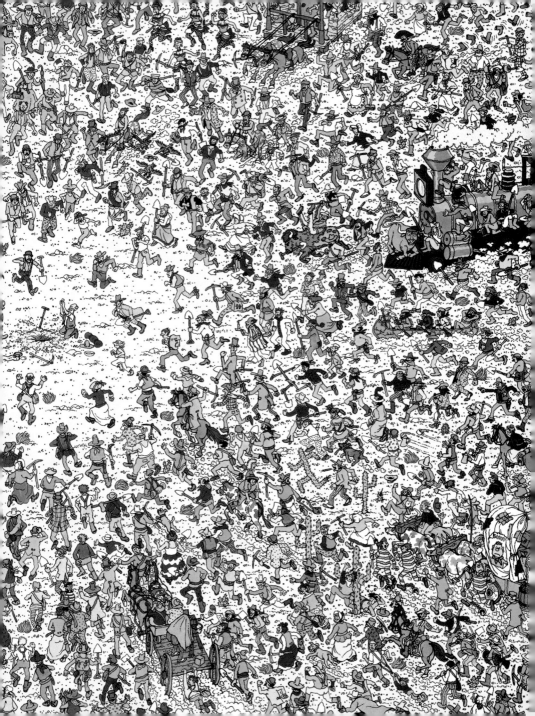

CHARLIE
S'EST PERDU
DANS LE FUTUR !
RETROUVEZ-LE ET SAUVEZ-LE !
IL A ÉGARÉ UN LIVRE
DANS CHAQUE PÉRIODE
QU'IL A TRAVERSÉE.
CHERCHEZ-LES !

CHARLIE REMONTE LE TEMPS
DEUXIÈME PARTIE

LA RUÉE VERS L'OR

- [ ] Un âne surchargé
- [ ] Un cactus qui court
- [ ] Un homme entraîné par son cheval
- [ ] Des bottes qui courent
- [ ] Des outils qui courent
- [ ] Un homme qui trébuche sur un tonneau
- [ ] Un chien qui entraîne son maître
- [ ] Un homme sur un buffle
- [ ] Un canoë sur le sable
- [ ] Un clown sur un drôle de vélo
- [ ] Des cheminots qui se sont fourvoyés
- [ ] Des vautours chercheurs d'or
- [ ] Un chien muni d'une pioche
- [ ] Trois prisonniers évadés
- [ ] Un homme qui a percuté un cactus
- [ ] Une maison ambulante
- [ ] Un hardi vélocipédiste
- [ ] Des hommes en pyjama
- [ ] Des serpents chercheurs d'or
- [ ] Un photographe infatigable
- [ ] Un cheval coiffé d'un chapeau

AU TEMPS DES PIRATES

- [ ] Une femme encombrante
- [ ] Des buveurs bien installés
- [ ] Un pirate pincé par un crabe
- [ ] Un tireur dans un palmier
- [ ] Un tromblon au fort recul
- [ ] Un pirate armé jusqu'aux dents
- [ ] Des requins qui s'apprêtent à festoyer
- [ ] Un crâne rapiécé
- [ ] Un boulet sans ressort
- [ ] Des pieds qui sortent d'un canon
- [ ] Une figure de proue pudique
- [ ] Un coup de massue à trois dimensions
- [ ] Un crâne qui cligne de l'œil
- [ ] Une créature à huit bras
- [ ] Un nid de corbeaux
- [ ] Un boxeur de boulets
- [ ] Une poignée de main mortelle
- [ ] Une baignoire transformée en bateau
- [ ] Un coffre vide
- [ ] Un cocotier bien secoué
- [ ] Une planche à voile humaine

BAL À L'OPÉRA

- [ ] Des danseuses de french cancan
- [ ] Un duel à l'archet
- [ ] Une descente rapide
- [ ] Un maître d'hôtel maladroit
- [ ] Un homme déguisé en femme
- [ ] Un grand maigre avec une petite grosse
- [ ] Un homme attrapé par une statue
- [ ] Des lustres transformés en balançoires
- [ ] Un archet agressif
- [ ] Un zouave à l'ample culotte
- [ ] Un homme qui va avoir chaud aux oreilles
- [ ] Un homme qui ploie sous les décorations
- [ ] Des soldats à l'armement hétéroclite
- [ ] Un homme portant une pile de chapeaux
- [ ] Une statue facétieuse
- [ ] Un danseur dangereux
- [ ] Une harpe transformée en arc
- [ ] Une robe qui se déchire

DERNIERS JOURS DES AZTÈQUES

- [ ] Un escalier peu agréable à monter
- [ ] Des Aztèques qui tournent
- [ ] Un conquistador qui se bouche les oreilles
- [ ] Trois archers qui visent le même homme
- [ ] Un bas-relief qui regarde sur le côté
- [ ] Un drapeau qui va changer de propriétaire
- [ ] Un missile humain
- [ ] Un joueur de tambour haut perché
- [ ] Un conquistador amoureux
- [ ] Un cheval effrayé
- [ ] Des dents jaunes
- [ ] Un bombardement d'aigles
- [ ] Un homme-oiseau qui prend son envol
- [ ] Un voleur volé
- [ ] Un jeu de balle aztèque
- [ ] Une suite de ricochets

JADIS AU JAPON

- [ ] Trois guerriers coincés sur un pont
- [ ] Des guerriers au couteau entre les dents
- [ ] Un guerrier attrapé par sa natte
- [ ] Une épée coupée en deux
- [ ] Un lutteur K.-O.
- [ ] Un cheval qui s'effraie d'un rien
- [ ] Des guerriers qui vont prendre un bain
- [ ] Des guerriers qui courent sous un pont
- [ ] Un passager de poids
- [ ] Une flèche bien décochée
- [ ] Des récupérateurs de flèches
- [ ] Un guerrier qui aura du mal à s'asseoir
- [ ] Un drapeau percé de flèches
- [ ] Deux guerriers très polis
- [ ] Un guerrier qui s'incline en arrière

DANS LE FUTUR

- [ ] Un satellite souriant
- [ ] Un thermomètre sur Mercure
- [ ] Des auto-stoppeurs de l'espace
- [ ] Une collision prochaine dans l'espace
- [ ] Un robot et son chien
- [ ] Des aliens qui se moquent des hommes
- [ ] Des hommes qui se moquent des aliens
- [ ] Un biplan
- [ ] L'anneau de Saturne transformé en siège
- [ ] Des aliens jumeaux
- [ ] Un atterrissage catastrophique
- [ ] Un alien à deux nez
- [ ] Un feu rouge spatial
- [ ] La Grande Ourse
- [ ] Des vraies soucoupes volantes
- [ ] Neptune
- [ ] La Voie lactée
- [ ] Un char dangereux
- [ ] Un ballon de football
- [ ] Des costumes venant des autres pages

QUEL MYSTÈRE!

Avez-vous découvert le mystérieux personnage qui s'est glissé dans chaque scène ? Ne vous découragez pas, vous finirez bien par *la* trouver. Et pour couronner le tout : quelque part, l'un des fans de Charlie a perdu le pompon de son bonnet. Pouvez-vous retrouver cet objet ainsi que son propriétaire ?

LES GLOUTONS VORACES

IL ÉTAIT UNE FOIS (Ô! DISCIPLES
DE CHARLIE!) VOTRE HÉROS LANCÉ
DANS UN VOYAGE FANTASTIQUE.
TOUT COMMENÇA PARMI LES
GLOUTONS VORACES OÙ IL TROUVA
LE MAGE BLANCHEBARBE, QUI LE CHARGEA
D'UNE MISSION : PARTIR EN QUÊTE
D'UN PARCHEMIN, PUIS, À CHAQUE ÉTAPE DE SON
VOYAGE, EN DÉCOUVRIR UN AUTRE. AINSI, QUAND
IL AURAIT TROUVÉ LES DOUZE DOCUMENTS,
SA VÉRITÉ PROFONDE LUI APPARAÎTRAIT.

DANS CHAQUE IMAGE, CHERCHEZ CHARLIE, OUAF
(ON NE VOIT QUE SA QUEUE), FÉLICIE, LE MAGE
BLANCHEBARBE, POUAH ET, BIEN SÛR, LE
PARCHEMIN. PUIS RETROUVEZ LA CLEF DE CHARLIE,
L'OS DE OUAF (DANS CETTE SCÈNE, C'EST CELUI
QUI EST LE PLUS PRÈS DE SA QUEUE), L'APPAREIL
PHOTO DE FÉLICIE ET LES JUMELLES DE POUAH.

LES RECHERCHES CONTINUENT : VINGT-CINQ FANS
DE CHARLIE SE PROMÈNENT PARTOUT,
MAIS CHACUN N'APPARAÎT QU'UNE FOIS. VOTRE ŒIL
AIGUISÉ POURRA-T-IL DISTINGUER AUSSI UN
PERSONNAGE QUI N'EST PAS DESSINÉ CI-DESSOUS
MAIS QUI S'EST GLISSÉ DANS TOUTES LES SCÈNES,
SAUF LA DERNIÈRE?

OÙ EST CHARLIE ? LE VOYAGE FANTASTIQUE **PREMIÈRE PARTIE**

Encore une foule de choses à trouver et de gags pour les fans de Charlie.

LES GLOUTONS VORACES

- Un serveur costaud et un faiblard
- Des odeurs à longue portée
- Un gâteau aux parts inégales
- Un homme qui a trop bu
- Des gens qui se trompent de chemin
- Des mets très résistants
- Un plat renversé
- Un dîner très épicé
- Des chevaliers buvant avec une paille
- Un habile sommelier
- Des saucisses géantes
- Une bataille au flan
- Un siège surchargé
- Une soupe à la barbe
- Des farceurs
- Un épanchement douloureux
- Un coup dans l'œil
- Un homme ligoté avec des spaghettis
- Un plat qui assomme
- Un homme qui a trop mangé
- Un géant qui mange un plat à sa taille
- Un gâteau explosif
- La rupture d'une saucisse géante
- Une odeur pénétrante

LES MOINES-COMBATTANTS

- Deux voitures de pompiers
- Deux moines aux pieds chauds
- Un pont de moines
- Un moine effondré
- Un moine plongeur
- Une statue effrayée
- La rencontre du feu et de l'eau
- Un jet d'eau sinueux
- Des poursuivants poursuivis
- Une statue souriante
- Un jet de feu qui serpente
- Cinq moines touchés par un jet de feu
- Un pont qui brûle
- Six derrières qui brûlent
- L'adoration du seau d'eau
- Des boucliers anti-lave
- Treize moines piégés et inquiets
- Un moine qui voit arriver un jet de flamme
- L'adoration du volcan
- Un moine face à deux adversaires
- Un tuyau enflammé
- Des coulées de lave et de moines
- Une chaîne d'eau
- Deux moines qui se trompent d'adversaire
- Trois seaux inutilisés
- Quatre moines hilares
- Un moine facétieux

AU PAYS DES TAPIS VOLANTS

- Une collision imminente
- Un tapis volant surchargé
- Un passage pour les piétons
- Une pin-up ornant un tapis
- Trois hommes qui s'accrochent
- Des tapis-stoppeurs
- Un client mécontent
- Un vendeur de tapis d'occasion
- Une tour à l'envers
- Un accident sur un pic
- Des gendarmes et des voleurs de tapis
- Un voleur de fruits
- Des passagers la tête en bas
- Un atelier de réparation pour tapis
- Un homme et une femme très entourés
- Une tout volante
- Un tapis-escalier
- Des pirates du ciel
- Pauvres et riches en tapis volant
- Un service de dépannage de tapis
- Des tapis sur des hommes volants
- Un agent de la circulation sur un tapis
- Un tapis volant sans pilote

LE GRAND JEU DE BALLON

- Une triple rasade
- Une rangée de bannières tenues à la main
- Une poursuite qui tourne en rond
- Un spectateur entouré par trois supporters rivaux
- Des joueurs qui ne voient pas où ils vont
- Deux grands joueurs contre deux petits
- Sept épouvantables chanteurs
- Un visage en ballons
- Des joueurs qui creusent pour gagner
- Un visage qui vient frapper un point
- Un tir qui brise le montant du but
- Un groupe à reculons qui poursuit un joueur
- Un joueur poursuivant un groupe
- Des joueurs qui se tirent leur bonnet
- Un drapeau troué
- Une troupe de joueur munie de ballons
- Un joueur qui joue avec la tête
- Un joueur qui trébuche sur un rocher
- Un joueur qui boxe un ballon
- Un spectateur qui en frappe deux
- Un joueur qui tire la langue à la foule
- Une bouche tenue ouverte par la barbe
- Un tir par-derrière

LES PETITS SAUVAGES ROUGES

- Un coup de fronde destructeur de lances
- Deux coups entraînant des réactions en chaîne
- Des lances et des lanciers gras et maigres
- Un lancier qui traverse un drapeau
- Un bouclier qui sert de collier
- Une prison de lances
- Des lances entremêlées
- Un nain qui se cache sur une lance
- Des nains déguisés en lanciers
- Une machine à faire lever les mains
- Un lancier empêtré dans sa tenue
- Un plieur de lance sournois
- Une tête de hache qui fait mal à la tête
- Un nain qui se trompe de côté
- Un exercice de tir audacieux
- Des adversaires encerclés tour à tour
- Un lancier qui s'enfuit devant une lance
- Un combattant dans les étoiles
- Une épée qui transperce un bouclier
- Une lance frappant le bouclier d'un lancier
- Des lanciers qui bondissent hors de leurs vêtements
- Une lance qui arrache le casque d'un nain

LE CHÂTEAU DES VAMPIRES

- Un vampire qui a peur des fantômes
- Deux ours vampires
- Des vampires qui boivent avec une paille
- Des gargouilles amoureuses
- Une tortue la tête en bas
- Une chauve-souris qui joue au base-ball
- Trois hommes-loups
- Une momie qui se défait
- L'épreuve du miroir pour vampire
- Un squelette effrayé
- Des passages pour chiens, chats et souris
- Des chats qui se font la cour
- Un jeu de quille vampirique
- Une gargouille éborgnée
- Une gargouille la tête en bas
- Des contrôleurs de vol vampiriques
- Trois sorcières qui volent à reculons
- Une sorcière qui perd son manche à balai
- Un manche à balai agressif
- Le supplice du sel revu et corrigé
- Un train fantôme
- Un cercueil trop petit
- Un bourreau à trois yeux

LES GLOUTONS VORACES

IL ÉTAIT UNE FOIS (Ô! DISCIPLES
DE CHARLIE!) VOTRE HÉROS LANCÉ
DANS UN VOYAGE FANTASTIQUE.
TOUT COMMENÇA PARMI LES
GLOUTONS VORACES OÙ IL TROUVA
LE MAGE BLANCHEBARBE, QUI LE CHARGEA
D'UNE MISSION : PARTIR EN QUÊTE
D'UN PARCHEMIN, PUIS, À CHAQUE ÉTAPE DE SON
VOYAGE, EN DÉCOUVRIR UN AUTRE. AINSI, QUAND
IL AURAIT TROUVÉ LES DOUZE DOCUMENTS,
SA VÉRITÉ PROFONDE LUI APPARAÎTRAIT.

DANS CHAQUE IMAGE, CHERCHEZ CHARLIE, OUAF
(ON NE VOIT QUE SA QUEUE), FÉLICIE, LE MAGE
BLANCHEBARBE, POUAH ET, BIEN SÛR, LE
PARCHEMIN. PUIS RETROUVEZ LA CLEF DE CHARLIE,
L'OS DE OUAF (DANS CETTE SCÈNE, C'EST CELUI
QUI EST LE PLUS PRÈS DE SA QUEUE), L'APPAREIL
PHOTO DE FÉLICIE ET LES JUMELLES DE POUAH.

LES RECHERCHES CONTINUENT : VINGT-CINQ FANS
DE CHARLIE SE PROMÈNENT PARTOUT,
MAIS CHACUN N'APPARAÎT QU'UNE FOIS. VOTRE ŒIL
AIGUISÉ POURRA-T-IL DISTINGUER AUSSI UN
PERSONNAGE QUI N'EST PAS DESSINÉ CI-DESSOUS
MAIS QUI S'EST GLISSÉ DANS TOUTES LES SCÈNES,
SAUF LA DERNIÈRE?

LES MOINES-COMBATTANTS

CHARLIE ET LE MAGE BLANCHEBARBE
ATTEIGNENT L'ENDROIT OÙ LES MOINES
INVISIBLES DU FEU ET LES MOINES DE L'EAU
SE LIVRENT UN COMBAT SANS MERCI.
TANDIS QUE CHARLIE PART À LA RECHERCHE DU DEUXIÈME
PARCHEMIN, IL S'APERÇOIT QUE BEAUCOUP D'AUTRES CHARLIE
SONT DÉJÀ PASSÉS PAR LÀ. LE PARCHEMIN À PEINE TROUVÉ,
IL EST TEMPS DE REPRENDRE LE VOYAGE.

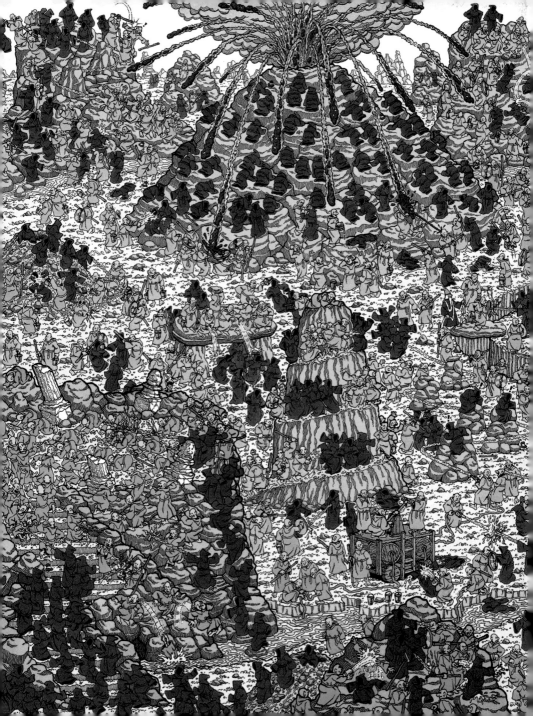

AU PAYS DES TAPIS VOLANTS

ALORS CHARLIE, ACCOMPAGNÉ DU MAGE,
SE REND JUSQU'AU PAYS DES TAPIS VOLANTS,
QUE DE NOMBREUX CHARLIE ONT DÉJÀ
VISITÉ. EN LEVANT LES YEUX, IL APERÇOIT
UN NOMBRE INCROYABLE DE TAPIS VOLANTS
ET D'OISEAUX DE FEU (COMBIEN EN TROUVEZ-VOUS,
OBSERVATEURS SUBTILS?). EN POSSESSION DU TROISIÈME
PARCHEMIN, CHARLIE REPREND SON VOYAGE.

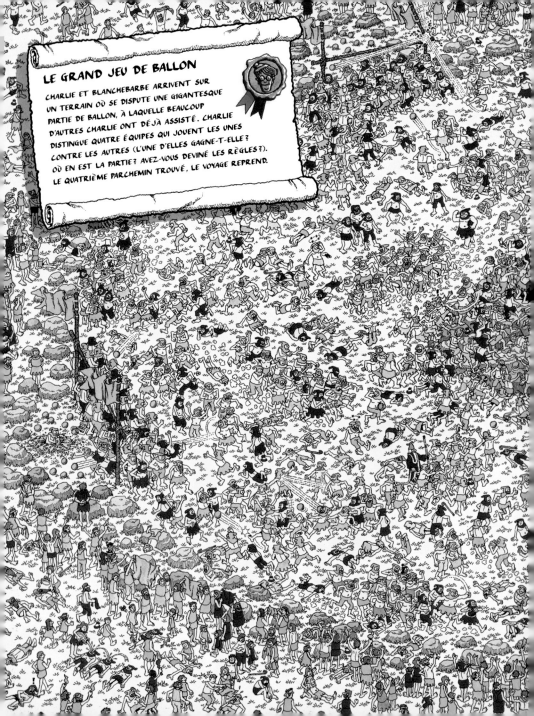

LE GRAND JEU DE BALLON

CHARLIE ET BLANCHEBARBE ARRIVENT SUR
UN TERRAIN OÙ SE DISPUTE UNE GIGANTESQUE
PARTIE DE BALLON, À LAQUELLE BEAUCOUP
D'AUTRES CHARLIE ONT DÉJÀ ASSISTÉ. CHARLIE
DISTINGUE QUATRE ÉQUIPES QUI JOUENT LES UNES
CONTRE LES AUTRES (L'UNE D'ELLES GAGNE-T-ELLE ?
OÙ EN EST LA PARTIE ? AVEZ-VOUS DEVINÉ LES RÈGLES ?).
LE QUATRIÈME PARCHEMIN TROUVÉ, LE VOYAGE REPREND.

LES PETITS SAUVAGES ROUGES

CHARLIE ET LE MAGE BLANCHEBARBE SALUENT LES PETITS SAUVAGES ROUGES QU'UN GRAND NOMBRE DE CHARLIE ONT DÉJÀ RENCONTRÉS. LES NAINS ATTAQUENT DES GUERRIERS MULTICOLORES, PROVOQUANT UN FORMIDABLE CARNAGE ET D'HORRIBLES RAVAGES. CHARLIE DÉCOUVRE LE CINQUIÈME PARCHEMIN ET POURSUIT SON VOYAGE.

LE CHÂTEAU DES VAMPIRES

CHARLIE ET LE MAGE BLANCHEBARBE FONT HALTE
AU CHÂTEAU DES VAMPIRES, DANS LEQUEL
BEAUCOUP D'AUTRES CHARLIE SE SONT DÉJÀ
AVENTURÉS. PARTOUT CE NE SONT QUE CLIQUETIS
D'OS (L'OS DE OUAF EST CELUI QUI EST LE PLUS PROCHE
DE SA QUEUE), RICANEMENTS DIABOLIQUES, RÉPUGNANTS
GARGOUILLIS. CHARLIE S'EMPARE DU SIXIÈME PARCHEMIN
AUSSI VITE QU'IL LE PEUT ET POURSUIT SON VOYAGE.

LES GUERRIERS DE LA FORÊT

CHARLIE ET LE MAGE BLANCHEBARBE
SE RETROUVENT PARMI LES GUERRIERS
DE LA FORÊT, QUE BEAUCOUP D'AUTRES CHARLIE
ONT DÉJÀ CROISÉS SUR LEUR CHEMIN. DANS
LA BATAILLE CONTRE LES REDOUTABLES CHEVALIERS
NOIRS, LES NYMPHES DES BOIS SONT AIDÉES PAR LES ANIMAUX,
LES ÊTRES DE GLAISE ET LES ARBRES DE LA FORÊT. CHARLIE
SE SAISIT DU SEPTIÈME PARCHEMIN ET REPREND SA ROUTE.

LES PLONGEURS SOUS-MARINS

CHARLIE ET LE MAGE BLANCHEBARBE PLONGENT
DANS LES PROFONDEURS MARINES, QUE
BEAUCOUP D'AUTRES CHARLIE ONT DÉJÀ
SONDÉES. CHARLIE RECHERCHE LE HUITIÈME
PARCHEMIN PARMI LES MONSTRES MARINS, LES SIRÈNES,
LES PÊCHEURS ET LES POISSONS. DÈS QU'IL
LE DÉCOUVRE, IL POURSUIT SON VOYAGE.

LES CHEVALIERS AUX DRAPEAUX ENCHANTÉS

CHARLIE ET LE MAGE BLANCHEBARBE
DÉCOUVRENT UN ENDROIT TRÈS PEUPLÉ,
TEL QU'ILS N'EN ONT JAMAIS VU AUPARAVANT.
DEUX ARMÉES S'AFFRONTENT, DÉPLOYANT LEURS
DRAPEAUX ENCHANTÉS. CHARLIE COMPREND ALORS QUE
DE NOMBREUX CHARLIE L'ONT PRÉCÉDÉ ICI. IL TROUVE
LE NEUVIÈME PARCHEMIN ET REPART AUSSITÔT.

LES GÉANTS BARBARES

CHARLIE ET LE MAGE BLANCHEBARBE FONT
ROUTE JUSQU'AU PAYS DES GÉANTS BARBARES,
QUE BEAUCOUP D'AUTRES CHARLIE ONT DÉJÀ
EXPLORÉ. CHARLIE CONSTATE QUE LES GÉANTS
AGRESSENT SANS ARRÊT LE PEUPLE DES PETITS.
IL A TÔT FAIT DE DÉCOUVRIR LE DIXIÈME PARCHEMIN
ET DE POURSUIVRE SA ROUTE.

UNE CHASSE SOUTERRAINE

CHARLIE ET LE MAGE BLANCHEBARBE
PÉNÈTRENT DANS UN SOUTERRAIN
OÙ BEAUCOUP D'AUTRES CHARLIE SE SONT
DÉJÀ RISQUÉS. LÀ, DE VAILLANTS CHASSEURS
LUTTENT AVEC ACHARNEMENT CONTRE UNE FOULE
DE MONSTRES MALFAISANTS. CHARLIE DÉTERRE
LE ONZIÈME PARCHEMIN ET POURSUIT SON VOYAGE.

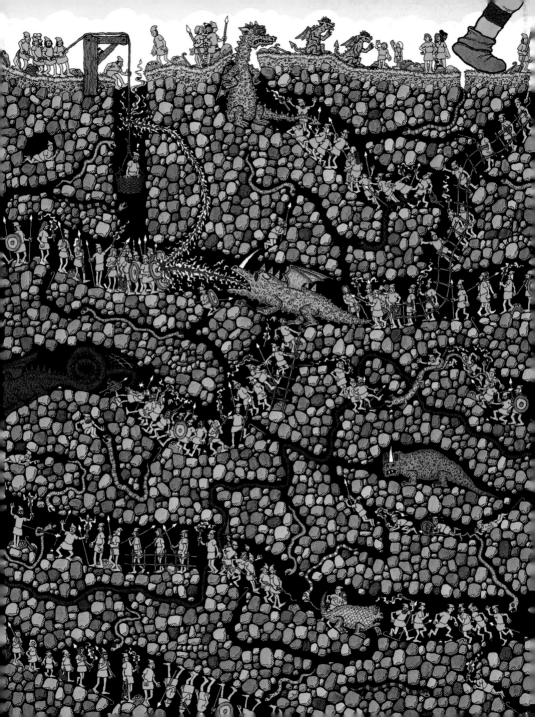

AU PAYS DES CHARLIE

CHARLIE DÉCOUVRE LE DOUZIÈME PARCHEMIN ET APPREND
ENFIN LA VÉRITÉ : IL N'EST QU'UN CHARLIE PARMI D'AUTRES.
IL SAIT MAINTENANT QUE LES CHARLIE PERDENT TRÈS
SOUVENT LEURS AFFAIRES, LUI-MÊME VIENT D'ÉGARER
UNE CHAUSSURE. TANDIS QU'IL LA CHERCHE PARTOUT,
IL DÉCOUVRE QUE BLANCHEBARBE N'EST PAS SON UNIQUE COMPAGNON
DE VOYAGE : ONZE AUTRES CURIEUX PERSONNAGES L'ONT REJOINT,
UN DE PLUS À CHACUNE DE SES ÉTAPES. MAINTENANT, FIDÈLES
DISCIPLES, À VOUS DE DÉCOUVRIR LE VRAI CHARLIE. AIDEZ-LE
À RETROUVER SA CHAUSSURE. AINSI POURRA-T-IL ENFIN VIVRE HEUREUX
POUR TOUJOURS AU PAYS DES CHARLIE.

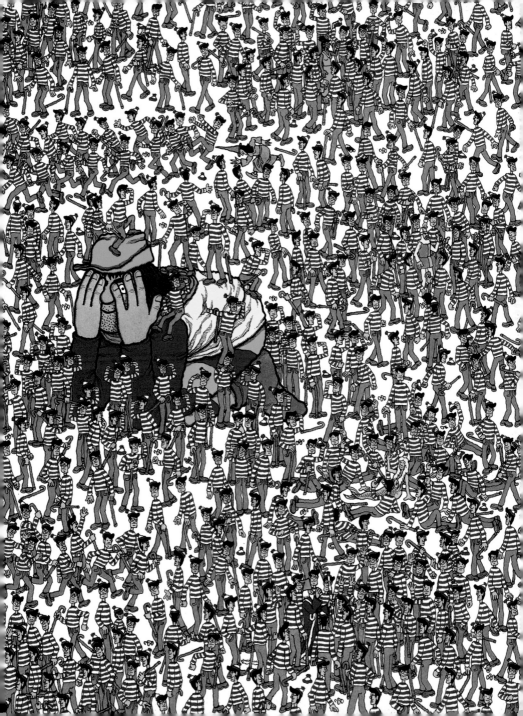

LES GUERRIERS DE LA FORÊT

- Trois longues jambes
- Un chevalier à trois jambes
- Des chevaliers abattus par un arbre
- Deux K.-O. multiples
- Une nymphe paresseuse
- Un arbre qui a du souffle
- Des nymphes qui ont la tête dure
- Des attaquants qui vont être attaqués
- Une nymphe forte et une nymphe faible
- Un cheval facilement effrayé
- Huit paires de pieds à l'envers
- Des chevaliers qui se trompent de cible
- Une échelle renversée
- Des arbres amoureux
- Un tronc renversé
- Une licorne à deux têtes
- Une licorne dans un arbre
- Un arbre à deux visages
- Des êtres de glaise lançant de la boue
- Un petit arbre qui pleure
- Des lances bien affûtées
- Des arbres qui donnent de bons coups
- Des échasses raccourcies

LES PLONGEURS SOUS-MARINS

- Un poisson à deux têtes
- Un combat à l'épée avec un espadon
- Un lit de mer
- Un visage de poisson
- Un poisson-chat et un poisson-chien
- Une méduse
- Un poisson à deux queues
- Un patin à glace
- Un lion de mer
- Des poissons en forme de poissons
- Un trésor perfide
- Un poisson-scie
- Des sardines en boîte
- Des poissons volants
- Des anguilles électriques
- Une étrange tortue de mer
- Une bouteille dans un message
- Une fausse nageoire
- Une sirène à l'envers
- Un équipage tiré par des hippocampes
- Un compas de navigation
- Un poisson attrapant un homme
- Une scène de plage sous-marine

LES CHEVALIERS AUX DRAPEAUX

- Une infidélité royale
- Un étendard qui a du punch
- Une bataille navale
- Un renne qui se bat à l'épée
- Un homme derrière des barreaux
- Une souris parmi les lions
- Des drapeaux dans un drapeau
- Des langues entremêlées
- Une oriflamme en voie d'extinction
- Un aigle qui en met plein la vue
- Un trouble-fête qui souffle
- Un bélier à clé
- Des serpents et des échelles
- Un dragon lance-flammes
- Des gâteaux qui rétrécissent
- Un voleur de couronne
- Un lion assoiffé
- Un combat inégal
- Un pied chatouillé par une plume
- Des soldats moqueurs
- Un renne qui se rend
- Un chien tenté par un os
- Un casque à trois yeux

LES GÉANTS BARBARES

- Tel est pris qui croyait prendre
- Choc en retour d'un projectile
- Un nid d'oiseaux chevelu
- Des canards hors de l'eau
- Un géant qui ne va pas rire longtemps
- Deux arbres-balais
- Deux géants hors-combat
- Deux moulins qui cognent fort
- Un géant poli qui va avoir mal à la tête
- Un géant avec un toit sur la tête
- Trois hommes dans un capuchon de géant
- Un gant de boxe efficace
- Une maison bien agitée
- Deux amoureux promis à une sieste
- Une avalanche de grosses pierres
- Six villageois ligotés dans des ceintures
- Des individus balayés
- Des individus sur un échiquier
- Des tireurs de corde tirés
- Des oiseaux dérangés par un géant
- Deux spectateurs se débarrassant des gêneurs
- Quatre dames timides à qui l'on fait la cour
- Un jet d'eau en provenance d'une mare

UNE CHASSE SOUTERRAINE

- Un pas risqué
- Quatre flammes effrayées
- Une flamme à double effet
- Un agent de la circulation souterraine
- Trois flammes qui se rendent
- Un serpent à deux têtes
- Un chatouillement de serpent
- Un serpent ridiculement long
- Trois dragons avec des lunettes de soleil
- Un dragon qui attaque par les deux bouts
- Des parents serpents en colère
- Cinq lances brisées
- Un pont monstre
- Cinq visages de pierre
- Des chasseurs la tête en bas
- Un serpent pris au piège
- Une très longue échelle
- Des lances transformées en torches
- Des chasseurs trébuchant sur une langue
- Un chasseur avec une lance extra-longue
- Des chasseurs qui vont entrer en collision
- Des chasseurs qui tournent en rond
- Surprise chez les tireurs de queue

AU PAYS DES CHARLIE

- Des Charlie saluant de la main
- Des Charlie marchant
- Des Charlie courant
- Des Charlie assis
- Des Charlie couchés
- Des Charlie qui font des glissades
- Des Charlie qui ne font rien
- Des Charlie qui sourient
- Des Charlie qui scrutent l'horizon
- Des Charlie poursuivis
- Des Charlie levant le pouce
- Des Charlie qui ont l'air effrayés
- Des Charlie avec des bonnets
- Des Charlie sans bonnet
- Des Charlie saluant du bonnet
- Des Charlie avec des cannes
- Des Charlie sans canne
- Des Charlie avec des lunettes
- Des Charlie sans lunettes
- Un Charlie sur un chapeau
- Un Charlie tenant une aile

LE VOYAGE FANTASTIQUE

Avez-vous découvert le mystérieux personnage qui s'est glissé dans chacune des scènes sauf Au pays de Charlie ? Et pour couronner le tout : quelque part, l'un des fans de Charlie a perdu le pompon de son bonnet. Pouvez-vous retrouver cet objet, ainsi que son propriétaire ?

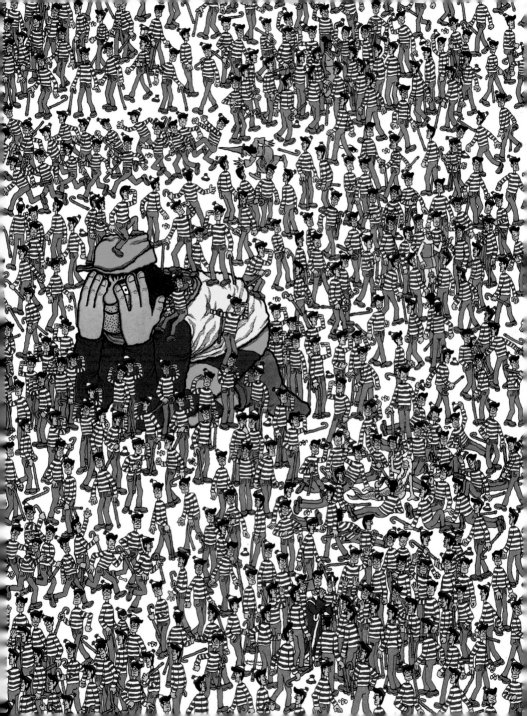

OÙ EST CHARLIE?
À HOLLYWOOD

ET LE RÊVE DEVIENT RÉALITÉ

WAOUH! FANS DE CHARLIE, C'EST INCROYABLE! JE SUIS VRAIMENT À HOLLYWOOD! LE MONDE DU CINÉMA EN PLEINE ÉBULLITION! JE ME DEMANDE QUEL FILM ILS SONT EN TRAIN DE TOURNER. MON RÊVE DEVIENT RÉALITÉ... VOIR LES METTEURS EN SCÈNE ET LES ACTEURS, MARCHER PARMI LA FOULE DES FIGURANTS, REGARDER CE QUI SE PASSE DANS LES COULISSES! JE ME DEMANDE S'ILS VONT ME DONNER UN VRAI RÔLE, À MOI!

★ ★ ★ ★ ★ QUE CHERCHER À HOLLYWOOD? ★ ★ ★ ★ ★

BIENVENUE À HOLLYWOOD, FANS DE CHARLIE! VOICI LES PERSONNES ET LES OBJETS QU'IL VOUS FAUDRA CHERCHER LORSQUE VOUS VISITEREZ LES PLATEAUX AVEC LUI :

★ D'ABORD (BIEN SÛR), CHARLIE.
★ ENSUITE, OUAF SON FIDÈLE COMPAGNON (SOUVENEZ-VOUS, ON NE VOIT QUE SA QUEUE!)
★ PUIS FÉLICIE, L'AMIE DE CHARLIE!
★ ABRACADABRA! LE MAGE BLANCHEBARBE!
★ HORREUR! VOICI LE MÉCHANT POUAH!
★ IL VOUS FAUT AUSSI TROUVER LES VINGT-CINQ FANS DE CHARLIE : CHACUN D'EUX APPARAÎT UNE FOIS AVANT LA FANTASTIQUE SCÈNE FINALE!
★ INCROYABLE : UN AUTRE PERSONNAGE S'EST GLISSÉ DANS CHAQUE SCÈNE, SAUF DANS LA DERNIÈRE. À VOUS DE LE DÉCOUVRIR!

★ ★ VOUS N'ÊTES PAS AU BOUT DE VOS PEINES! ★ ★

SUR CHAQUE PLATEAU, CHERCHEZ LA CLEF ÉGARÉE PAR CHARLIE, L'OS DE OUAF, L'APPAREIL DE FÉLICIE, LE PARCHEMIN DU MAGE, LES JUMELLES DE POUAH, ET LA BOBINE DE FILM

★ ★ LES RECHERCHES CONTINUENT! ★ ★

CHACUNE DES QUATRE AFFICHES PLACARDÉES AU MUR, LÀ-BAS, VIENT D'UN DES PLATEAUX QUE CHARLIE S'APPRÊTE À VISITER. DÉCOUVREZ LEQUEL. PUIS REPÉREZ LES DIFFÉRENCES ÉVENTUELLES ENTRE AFFICHES ET PLATEAUX.

OÙ EST CHARLIE ?
À HOLLYWOOD

Le casting infernal
PREMIÈRE PARTIE

Encore une foule
de choses à trouver
et de gags pour
les fans de Charlie.

★ ★ ★ ET LE RÊVE DEVIENT RÉALITÉ ★ ★ ★

- [ ] Un homme auquel on ôte le pain de la bouche
- [ ] Un agent double
- [ ] Un homme au-dessus de la mêlée
- [ ] Un orchestre qui balance
- [ ] Une étoile verte sur une balle jaune
- [ ] Une machine soufflant un vent de panique
- [ ] Une scène romantique
- [ ] Une femme avec un bonnet de bain jaune
- [ ] Vingt et un pirates en maillot rayé
- [ ] Dix gardes
- [ ] Huit cœurs à l'ouvrage
- [ ] Trois boucliers
- [ ] Quelqu'un qui a mis les pieds dans le plat
- [ ] Trois personnes à ski
- [ ] Un peintre réaliste
- [ ] Un homme avec une cravate rouge à pois blancs
- [ ] Un type qui entre dans le décor

★ ★ CHUT! C'EST UN FILM MUET! ★ ★

- [ ] Un guette-heure
- [ ] Un boulet-dogue
- [ ] Un moine qui cloche dans le décor
- [ ] Deux prisonniers qui jouent les taupes
- [ ] Un chat perché
- [ ] Deux chasseurs de nœuds papillons
- [ ] Treize ballons
- [ ] Un policier qui fait le mur
- [ ] Sept haut-parleurs
- [ ] L'arroseur arrosé
- [ ] Neuf animaux à quatre pattes
- [ ] Quinze caméras
- [ ] Une barbe dans le vent
- [ ] Un homme tiré à quatre épingles
- [ ] Une vache à eau
- [ ] Une roue qui s'emballe
- [ ] Un type qui est dans ses petits papiers
- [ ] Cinq policiers filant ventre à terre
- [ ] Deux parapluies

★ ★ ★ REMUE-MANÈGE À TROIE ★ ★ ★

- [ ] Un soldat en sandales
- [ ] Cinq soldats à veste bleue et plumet rouge
- [ ] Des soldats qui font le pont
- [ ] Deux cœurs brisés
- [ ] Un soldat avec un bouclier carré
- [ ] Cinq soldats à veste rouge et plumet bleu
- [ ] Un homme à la mer
- [ ] Des adieux qui laissent de marbre
- [ ] Deux guerriers très liés
- [ ] Un homme mis à l'index
- [ ] Une chevauchée fantastique
- [ ] Cinq soldats à veste jaune
- [ ] Quatre soldats qui règlent leur pendule
- [ ] Des prisonniers cuisinés à la sauce tomate
- [ ] Des soldats hors la loi
- [ ] Un tir bien ciblé
- [ ] Une rencontre fumante

★ ★ DRÔLE DE LÉGION! ★ ★

- [ ] Trois arbres à dates
- [ ] Douze chameaux
- [ ] Un palmier qui a perdu la tête
- [ ] Un drapeau peu patriote
- [ ] Un cavalier à contre-courant
- [ ] Un clairon impopulaire
- [ ] Une légion de frileux
- [ ] Une plage désertique
- [ ] Une prise de vue sabrée par un avion
- [ ] Un arbre qui s'est planté dans le décor
- [ ] Quatre palmiers aux arrêts
- [ ] Un type en nage sans gêne
- [ ] Deux cocos secoués
- [ ] Trois chameaux qui font de l'ombre
- [ ] D'une pierre seize coups
- [ ] Un figurant qui ne connaît pas son camp

★ L'ORCHESTRE DÉPASSE LA MESURE! ★

- [ ] Des clefs musicales
- [ ] Une harpiste qui balance
- [ ] Une love-story sous les sunlights
- [ ] Quatre plumes orange
- [ ] Un marin d'eau douce
- [ ] Un chapeau bas-de-forme
- [ ] Un coup de pompe
- [ ] Un danseur très "fleur bleue"
- [ ] Un air qui trotte
- [ ] Un musicien qui joue de la double basse
- [ ] Des matelots un peu cloches
- [ ] Un sire et deux sirènes
- [ ] Un partenaire qui ne prend pas de gants
- [ ] Un marin hippie
- [ ] Des voix cassantes
- [ ] Trois ramasseurs de mauvaises notes

★ ALI BABA ET LES QUARANTE VOLEURS ★

- [ ] Un homme avec des chaussures jaunes
- [ ] Un homme avec des chaussures vertes
- [ ] Quatre animaux
- [ ] Un homme portant un turban vert
- [ ] Un homme portant un turban jaune
- [ ] Un turban avec une étoile rouge
- [ ] Un fez orné d'un gland jaune
- [ ] Un fez orné d'un gland vert
- [ ] Une stalactite ornée d'un serpent
- [ ] Un barbier
- [ ] Un homme qui prend un bain de foule
- [ ] Quatre vrais génies et un faux génie
- [ ] Un voleur pris au piège
- [ ] Des coffres cigognes
- [ ] Une jarre à pieds
- [ ] Des mineurs
- [ ] Un homme qui offre des fleurs

★ ★ ★ LE FAR WEST EN DÉLIRE ★ ★ ★

- [ ] Deux cow-boys qui dessinent leur portrait
- [ ] Des cow-boys levant leurs verres
- [ ] Une chute du dollar
- [ ] Treize cow-boys qui voient rouge
- [ ] Des buffles fidèles au poste
- [ ] Un bandit coté et un bandit de pacotille
- [ ] Des mineurs qui ont mauvaise mine
- [ ] Un tournage détourné
- [ ] Un saloon de thé
- [ ] Un monsieur qui redouble de galanterie
- [ ] Calamity Jane
- [ ] Des médecins sans frontière
- [ ] Un western spaghetti
- [ ] La "or-de" sauvage
- [ ] Une roulotte à vapeur
- [ ] Billy the Kid
- [ ] Un miope
- [ ] Les murs ont des oreilles
- [ ] Un cheval habile

ET LE RÊVE DEVIENT RÉALITÉ

WAOUH! FANS DE CHARLIE, C'EST INCROYABLE! JE SUIS VRAIMENT À HOLLYWOOD! LE MONDE DU CINÉMA EN PLEINE ÉBULLITION! JE ME DEMANDE QUEL FILM ILS SONT EN TRAIN DE TOURNER. MON RÊVE DEVIENT RÉALITÉ... VOIR LES METTEURS EN SCÈNE ET LES ACTEURS, MARCHER PARMI LA FOULE DES FIGURANTS, REGARDER CE QUI SE PASSE DANS LES COULISSES! JE ME DEMANDE S'ILS VONT ME DONNER UN VRAI RÔLE, À MOI!

★ ★ ★ ★ ★ QUE CHERCHER À HOLLYWOOD? ★ ★ ★ ★ ★

BIENVENUE À HOLLYWOOD, FANS DE CHARLIE! VOICI LES PERSONNES ET LES OBJETS QU'IL VOUS FAUDRA CHERCHER LORSQUE VOUS VISITEREZ LES PLATEAUX AVEC LUI :

★ D'ABORD (BIEN SÛR), CHARLIE.
★ ENSUITE, OUAF SON FIDÈLE COMPAGNON (SOUVENEZ-VOUS, ON NE VOIT QUE SA QUEUE!)
★ PUIS FÉLICIE, L'AMIE DE CHARLIE.
★ ABRACADABRA! LE MAGE BLANCHEBARBE!
★ HORREUR! VOICI LE MÉCHANT POUAH!
★ IL VOUS FAUT AUSSI TROUVER LES VINGT-CINQ FANS DE CHARLIE : CHACUN D'EUX APPARAÎT UNE FOIS AVANT LA FANTASTIQUE SCÈNE FINALE!
★ INCROYABLE : UN AUTRE PERSONNAGE S'EST GLISSÉ DANS CHAQUE SCÈNE, SAUF DANS LA DERNIÈRE. À VOUS DE LE DÉCOUVRIR!

★ ★ VOUS N'ÊTES PAS AU BOUT DE VOS PEINES! ★ ★

SUR CHAQUE PLATEAU, CHERCHEZ LA CLEF ÉGARÉE PAR CHARLIE, L'OS DE OUAF, L'APPAREIL DE FÉLICIE, LE PARCHEMIN DU MAGE, LES JUMELLES DE POUAH, ET LA BOBINE DE FILM

★ ★ LES RECHERCHES CONTINUENT! ★ ★

CHACUNE DES QUATRE AFFICHES PLACARDÉES AU MUR, LÀ-BAS, VIENT D'UN DES PLATEAUX QUE CHARLIE S'APPRÊTE À VISITER. DÉCOUVREZ LEQUEL, PUIS REPÉREZ LES DIFFÉRENCES ÉVENTUELLES ENTRE AFFICHES ET PLATEAUX.

CHUT ! C'EST UN FILM MUET !

EH OUI, LE RÊVE HOLLYWOODIEN COMMENÇA AINSI,
AVEC DES FILMS MUETS EN NOIR ET BLANC.
C'EST COMPLÈTEMENT DINGUE ET ON RIT COMME
DES FOUS. ÇA DOIT ÊTRE VRAIMENT DUR D'ÊTRE ACTEUR
DANS UN FILM COMIQUE. IL EN ARRIVE DES MALHEURS !
MAIS LE GRAND TRUC EST QUE LES ACTEURS
NE SE BLESSENT JAMAIS... MÊME S'ILS MORDENT
SOUVENT LA POUSSIÈRE !

REMUE-MANÈGE À TROIE!

REGARDEZ CETTE SCÈNE SPECTACULAIRE, FANS DE CHARLIE! IL NE S'AGIT PAS D'UN CONCOURS HIPPIQUE MAIS BIEN D'UNE SCÈNE ÉPIQUE! MAIS COMMENT LES TROYENS NE SE SONT-ILS PAS APERÇUS QUE LE GIGANTESQUE CHEVAL DE BOIS CACHAIT DES GRECS? COMMENT DONC A-T-IL PU ENTRER DANS LA VILLE? JE N'AIMERAIS PAS ÊTRE DANS LA PEAU DES TROYENS, MÊME S'IL NE S'AGIT LÀ QUE D'UN COSTUME SUR MESURE.

DRÔLE DE LÉGION!

OUF! FANS DE CHARLIE, NE VOUS ÉCHAUFFEZ PAS!
NOUS VOICI SUR LE POINT LE PLUS CHAUD DE LA PLANÈTE.
TOUT LE MONDE EST EN NAGE, DES VEDETTES
AUX ACCESSOIRISTES. QUELQUES FIGURANTS ONT MÊME
PERDU LEUR SANG-FROID. ONT-ILS OUBLIÉ QU'IL NE S'AGIT
LÀ QUE D'UN FILM? EST-IL TEMPS DE DÉSERTER
LE DÉSERT POUR SAVOURER UNE CRÈME GLACÉE?

L'ORCHESTRE DÉPASSE LA MESURE!

MES AMIS, QUELLE CACOPHONIE! ÉTONNANT CE TOHU-BOHU ASSOURDISSANT DE NOTES! CASSEROLES ET CRÉCELLES AURAIENT BESOIN D'UN PETIT ACCORD! MAIS ALLONS PLUTÔT DANSER, SI ÇA VOUS CHANTE! ET MÊME SI CERTAINS ACTEURS NE SONT PAS DANS LA NOTE, QUE LE SPECTACLE COMMENCE!

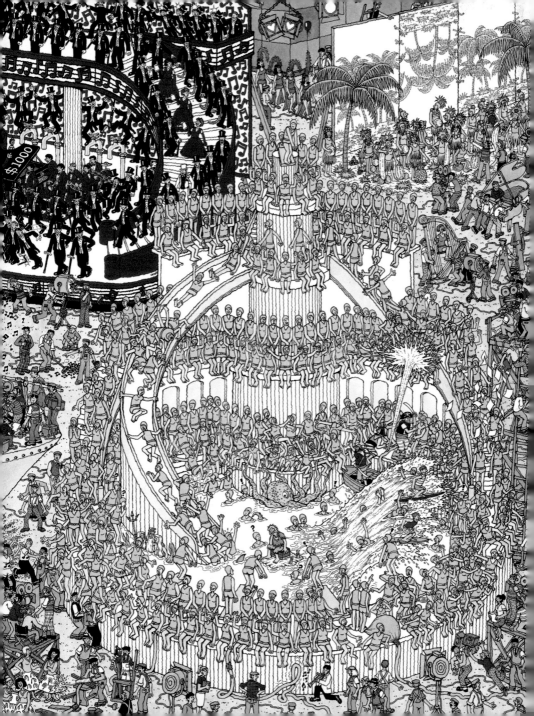

ALI BABA ET LES QUARANTE VOLEURS

QUELLE FANTASTIQUE BOUSCULADE DANS LA CAVERNE
D'ALI BABA, FANS DE CHARLIE! MAIS VISEZ UN PEU
TOUS CES TRÉSORS DE L'ORIENT! COMBIEN DE VOLEURS
Y AVAIT-IL DANS L'HISTOIRE, DÉJÀ? QUARANTE MILLE
AU MOINS DANS L'ESPRIT DU METTEUR EN SCÈNE!
ET ALI BABA? IL EST BARBIER DANS L'ALLÉE EN BAS,
ON L'APPELLE ALI BABOUCHE. ET TOUS CES GRANDS GÉNIES
DÉGINGANDÉS? TERRIFIANT, NON?

THE WILD WEST SALOON

LE FAR WEST EN DÉLIRE

SUPER, FANS DE CHARLIE! UN WESTERN EN DÉLIRE!
COUPS DE FEU, COUPS DE POING, COUPS DE BARRE!
QUELLE DILIGENCE! LA VILLE ENTIÈRE DÉRAILLE
ET SE DISSIPE EN VAPEUR. LES PIONNIERS ROUÉS
AMORCENT LEUR RUÉE VERS L'OR, UN COW-BOY CRÈVE
L'ÉCRAN, BILLY THE KID, BUFFALO BILL, CALAMITY JANE
TERRORISENT LES FOULES TERRASSÉES. QUELLE ACTION!
QUELLE FRÉNÉSIE! QUELLE EXCITATION!

LA PARADE DES MOUSQUETAIRES

UN POUR TOUS, TOUS POUR UN! N'EST-CE PAS LA DEVISE DES TROIS MOUSQUETAIRES? DANS CE DUEL MAGISTRAL, CE SERAIT PLUTÔT CHACUN POUR SOI ET DIEU POUR TOUS! C'EST UNE LUTTE À MORT ENTRE NOS TROIS HÉROS ET LES GARDES DU CARDINAL. ON NE S'Y RETROUVE PLUS DANS CETTE PARADE! LA CAMÉRA NE SAIT PLUS OÙ DONNER DE LA TÊTE.

LA MACHINE À REMONTER LE TEMPS

INCROYABLE! TEMPS, ESPACE, HORREUR SE MÊLENT DANS LA CONFUSION LA PLUS TOTALE. ET ON VOYAGE ALLÈGREMENT DE VAISSEAUX SPATIAUX EN EFFETS SPÉCIAUX, DE SCÈNES COSMIQUES EN SITUATIONS COMIQUES. ON DIRAIT QUE L'UNE DE CES SOUCOUPES VOLANTES VOLE VRAIMENT. ET À L'INTÉRIEUR, EST-CE QU'ON VOIT DES EXTRATERRESTRES OU S'AGIT-IL D'ACTEURS? COMMENT DÉMÊLER LE VRAI DU FAUX?

PAGAILLE À NOTTINGHAM!

REGARDEZ COMBIEN DE JOYEUX LURONS ONT DÉSERTÉ LA FORÊT DE SHERWOOD POUR UNE ESCAPADE AU CHÂTEAU DE NOTTINGHAM! ILS S'Y AMUSENT COMME DES FOUS, SEMANT LA PAGAILLE DANS LA PARADE DU SHÉRIF ET ROBIN DES BOIS? VOUS L'AVEZ VU? IL EST DANS UN COUPE-GORGE ET SON CHAPEAU REGORGE DE ROUGES-GORGES! QUAND VOUS VERREZ CE FILM, VOUS CROIREZ QUE TOUT EST RÉEL: MAIS LES MURS DE PIERRE NE SONT QU'UN DÉCOR!

LES FEUX DE LA RAMPE

WAOUH! FANS DE CHARLIE! ÇA C'EST HOLLYWOOD!
J'ASSISTE À UNE AVANT-PREMIÈRE. LES STARS S'OFFRENT
À LA VUE DE TOUS; LA FOULE EST À L'AFFÛT DES STARS.
REGARDEZ L'ÉNOOORME LIMOUSINE ROSE. C'EST SUPER-
STAR! ET QUI EST DANS L'OSMOBILE, LÀ, DERRIÈRE?
TIENS! KING-KONG A L'AIR PLUS SYMPA QU'À L'ÉCRAN.

WEST-SIDE CHARLIE - COMÉDIE MUSICALE

GÉNIAL, FANS DE CHARLIE! UNE COMÉDIE MUSICALE, DES DANSES ET DES CHANSONS RIEN QU'AVEC DES CHARLIE! VOYEZ UN PEU TOUS CES ACTEURS HABILLÉS COMME MOI! TOUS CES OUAF FÉLICIE, BLANCHEBARBE, POUAH! REGARDEZ ENCORE : L'HABILLEUSE S'EST TROMPÉE DANS CERTAINS COSTUMES, MAIS CELA NE VA PAS VOUS AIDER À TROUVER LE VRAI CHARLIE ET SES QUATRE COMPARSES. JE VAIS VOUS DONNER QUELQUES INDICES. LE VRAI CHARLIE A UN PETIT CADEAU POUR OUAF DU VRAI OUAF ON NE VOIT QUE LA QUEUE. FÉLICIE EST ÉQUIPÉE D'UN APPAREIL PHOTO. BLANCHEBARBE PORTE UN CHAPEAU REPLIÉ VERS LA GAUCHE. ET POUAH BRANDIT UNE CANNE. AH! J'OUBLIAIS! J'AI ÉTÉ SUIVI JUSQU'ICI PAR UN PERSONNAGE DE CHACUN DES PLATEAUX. IL Y EN A ONZE EN TOUT. CHERCHEZ-LES ET TROUVEZ À QUEL MOMENT ILS M'ONT REJOINT POUR LA PREMIÈRE FOIS. NE MANQUEZ AUCUNE DE LEURS APPARITIONS AU COURS DE MA TOURNÉE.

OÙ EST CHARLIE À HOLLYWOOD ?
DEUXIÈME PARTIE

★ LA PARADE DES MOUSQUETAIRES ★

- Un "chat-larme"
- Un acteur qui a du ressort
- Trois mousquetaires assommants
- Qui se ressemble s'assemble
- Une chaise sans porteur
- Un porteur à ferrer
- Un délateur au cœur de pierre
- Un visage fleuri
- Deux porteurs à supporter
- Trois jardiniers mécontents
- Un mousquetaire qui relève le gant
- Deux femmes à poigne
- Cinq mousquetaires verts de jalousie
- Un adversaire étourdi
- Un plumet bicolore
- Un mélodrame de cape et d'épée
- Une chaise percée
- Quatre femmes auxquelles on offre des fleurs
- Quatre vrais animaux

★ LA MACHINE À REMONTER LE TEMPS ★

- Deux étoiles dans leur loge
- Quatre garçons dans le vent
- Une interview de loup-garou
- Un vaisseau spatial
- Une soucoupe qui fait mouche
- Un miroir qui ne réfléchit pas
- Un repas à la belle étoile
- Un rêve inattendu
- Une boisson 100 % pur sang
- Un lancement explosif
- Un type qui bâtit des châteaux en Espagne
- Une pêche miraculeuse
- Un bagage à mains
- Deux lecteurs
- Un dinosaure qui n'a pas son costume
- Un astronaute va-nu-pieds
- Un artiste en avance sur son temps
- Deux bouteilles de ketchup

★ PAGAILLE À NOTTINGHAM ★

- Huit dames du château
- Petit Jean
- Seize drapeaux
- Un équilibriste déséquilibré
- Sept casques animaliers
- Un crâne déplumé à plumet
- Frère Tuck
- Deux adversaires à cornes
- Une flèche qui fléchit
- Un lion qui perd du terrain
- Deux archers enrubannés
- Un accessoiriste qui se voit en haut de l'échelle
- Un soldat qui n'a rien dans le ventre
- Un type qui prend une déculottée
- Deux blessés peu soutenus
- Un visage frappant
- Une barbe agressive
- Deux types qui comptent les points

★ ★ LES FEUX DE LA RAMPE ★ ★

- Vingt-neuf projecteurs
- Un joli cœur
- Un spectateur au regard d'aigle
- Une vedette qui étrenne sa robe
- Une poignée de spectateurs
- Un cow-boy partant à l'assaut
- Un acteur qui idolâtre la foule
- Un casse-cou que l'on secoue
- Deux journalistes se disputant la vedette
- Un autographe primitif
- Un yogi
- Une paille de taille
- Un spectateur soucieux du détail
- Un lapin dans les gradins
- Un caméraman qui regarde les gens de haut
- Un couvre-chef décapité

★ ★ COMÉDIE MUSICALE ★ ★

- Un Ouaf qui rit jaune
- Un Charlie blond
- Un Charlie barbu
- Une Félicie nu-pieds
- Un Charlie avec des lunettes noires
- Un Pouah sans moustache
- Un T-shirt de Charlie avec des rayures en trop
- Un Blanchebarbe jouant des castagnettes
- Un Charlie portant un bonnet sans pompon
- Un Charlie avec un jean sans poches
- Un Blanchebarbe à lunettes
- Un Pouah portant un bonnet sans pompon
- Un mini-Charlie à pois
- Un mixeur de sons
- Une Félicie avec un parapluie bleu et blanc
- Une canne à pattes
- Deux Blanchebarbe sans barbe
- Un Charlie sans lunettes
- Une Félicie Blonde
- Un Charlie avec un bonnet aux couleurs inversées
- Une Félicie sans lunettes
- Un Blanchebarbe à chapeau rouge
- Un Ouaf avec un bonnet aux couleurs inversées
- Une Félicie avec les lunettes de Charlie
- Un Charlie chatouillant un autre Charlie
- Un Ouaf sans bonnet
- Une Félicie portant une jupe sans poches
- Un Charlie portant sa canne à l'envers
- Un Ouaf à lunettes noires
- Un Ouaf avec un bonnet sans pompon
- Une Félicie de dos
- Un Charlie bleu et blanc
- Une Félicie sans bonnet
- Un Pouah sans lunettes noires
- Un Blanchebarbe dansant
- Un Charlie de dos
- Un Blanchebarbe avec un bonnet à pompon
- Un Ouaf avec un bonnet bleu et blanc
- Une Félicie avec un bonnet sans pompon
- Un Charlie avec deux bonnets

★ ★ ★ RETOUR À LA CASE DÉPART ★ ★ ★

Avez-vous trouvé Charlie, ses amis et tous les objets qu'ils ont perdus ? Et le mystérieux personnage qui s'est glissé dans chacune des scènes, sauf la dernière ? Vous n'êtes pas au bout de vos peines : l'un des fans de Charlie a perdu le pompon de son bonnet. Mais le jeu n'est pas fini ! Pouvez-vous le retrouver ainsi que son propriétaire ? Attendez ! Le jeu n'est pas fini ! Retournez à la case départ et recherchez les trophées dorés de Charlie ! Dix d'entre eux sont différents des autres : pouvez-vous les distinguer ?

★ ★ ★ LE DERNIER CASTING ★ ★ ★

Presque tous les visages contenus dans les dents de la pellicule sur cette page sont reproduits en couleurs à un endroit du livre. Attention, dix d'entre eux n'apparaissent pas ! Lesquels ? De plus certains reviennent plusieurs fois. À vous de les trouver, puis de compter combien de fois chacun apparaît.

OÙ EST CHARLIE ? LE LIVRE MAGIQUE PREMIÈRE PARTIE

Encore une foule de choses à trouver et de gags pour les fans de Charlie.

IL ÉTAIT UNE FOIS...

- [ ] Pâris et la belle Hélène
- [ ] Rudyard Kipling et le livre de la jungle
- [ ] Le minotaure
- [ ] Un cow-boy qui a le hoquet
- [ ] Un centaure faisant ses courses
- [ ] La célèbre *Water Music* de Haendel
- [ ] Le Roi Soleil
- [ ] Sherlock Holmes
- [ ] Le petit Chaperon rouge
- [ ] Merlin l'enchanteur
- [ ] Boucle d'or et les trois ours
- [ ] Pythagore et le carré de l'hippopotame
- [ ] Jack et le haricot magique
- [ ] Cyrano de Bergerac
- [ ] Blanche-Neige et les sept nains
- [ ] Arlequin
- [ ] Le chat botté
- [ ] Charlot
- [ ] Hamlet faisant une omelette
- [ ] Jason et les camionautes
- [ ] Guillaume Tell
- [ ] Les trois petits cochons
- [ ] Billy the kid dans son landau
- [ ] Pinocchio
- [ ] Robin des bois
- [ ] Méduse

LA BATAILLE DE FRUITS

- [ ] Une boîte de dates
- [ ] Deux paumes datées
- [ ] Un ananas qui chatouille une pomme
- [ ] Six crabes pommés
- [ ] Quatre oranges navales
- [ ] Un défilé de myrtilles
- [ ] Un kiwi sur le dos d'un kiwi
- [ ] Une banane faisant le grand écart
- [ ] Une pomme de pin
- [ ] Trois fruits déguisés en bouffons
- [ ] Des fruits en conserve
- [ ] Des cerises, scie en main
- [ ] Une orange renversant des pommes
- [ ] Un bananier
- [ ] Des pommes aux fourneaux
- [ ] Des cerises à l'eau-de-vie
- [ ] Sept cerises qui voient rouge
- [ ] Trois oies pommées
- [ ] Un enclos à pommes
- [ ] Un porte-plume sur un porte-feuilles
- [ ] Un duel de bananes
- [ ] Deux demi-pêches
- [ ] La statue de la Liberté
- [ ] Deux hérissons
- [ ] Un chariot de pommes en pleurs
- [ ] Deux grosses pattes de fruits

ÉCHEC ET MATHS

- [ ] Des valises-escaliers
- [ ] Trois épis de maïs
- [ ] Un mot anglais très en colère
- [ ] Trois escaliers volants
- [ ] Une carte en train de lire
- [ ] Un joueur aplatissant un dé
- [ ] Une corde qui marche
- [ ] Un joueur avec une carte et un compas
- [ ] Un joueur jetant un 6
- [ ] Un joueur sans gants
- [ ] Un gant perdu
- [ ] Un autre gant perdu
- [ ] Une pièce de puzzle manquante
- [ ] Un mauvais calcul
- [ ] Huit pelles
- [ ] Vingt-neuf anneaux
- [ ] Deux pots de peinture
- [ ] Un point d'interrogation la tête en bas
- [ ] Un joueur dans une fronde
- [ ] Un homme obus
- [ ] Deux joueurs hors-jeu
- [ ] Deux joueurs avec des ailes
- [ ] Deux joueurs qui lisent le journal
- [ ] Un signal de fumée
- [ ] Deux joueurs chatouilleux
- [ ] Huit messages en bouteilles

JOUJOUX PAR MILLIERS

- [ ] Deux toupies qui filent
- [ ] Un diable à ressort
- [ ] Un homme en boîte
- [ ] Un petit soldat se faisant décorer
- [ ] Un petit soldat en robe
- [ ] Un sergent voulant faire une percée
- [ ] Un poison-char
- [ ] Trois biberons
- [ ] Deux ancres de marine
- [ ] Un skieur
- [ ] Un tableau noir
- [ ] Un jouet poussant une brouette
- [ ] Un corbeau dans un nid-de-pie
- [ ] Un pommier serre-livres en forme de E
- [ ] Un but sans gardien
- [ ] Quatre gros livres rouges
- [ ] Un ourson sur un cheval à bascule
- [ ] Un équilibriste, deux chaises à bascule
- [ ] Un musicien avec des cymbales
- [ ] Cinq échelles en bois
- [ ] Une girafe avec une écharpe rayée
- [ ] Un pirate portant un tonneau
- [ ] Une araignée se balançant au bout d'un fil
- [ ] Deux girafes dans une arche
- [ ] Une pieuvre cyclope
- [ ] Un éléphant bleu en pleine ascension

PEUR SOUS LES PROJECTEURS

- [ ] Des ampoules qui marchent
- [ ] Un abat-jour avec des citrons
- [ ] Un bateau qui rame
- [ ] Une pieuvre jouant à chat perché
- [ ] Une lampe lunatique
- [ ] Des ampoules sur l'échelle de la gloire
- [ ] Une maison ultralégère
- [ ] La lumière du jour, version anglaise
- [ ] Un bateau qui pêche
- [ ] Une lampe étendard
- [ ] Une guirlande lumineuse de Noël
- [ ] Un boxeur qui ne fait pas le poids
- [ ] Une lumière d'étoile
- [ ] Une lumière au bout du tunnel
- [ ] Des acteurs brillants en scène
- [ ] Un bateaumobile
- [ ] Un marin en équilibre sur une planche
- [ ] Un plongeoir
- [ ] Une bougie qui marche
- [ ] Une lampe de chevet
- [ ] Le radeau du C médusé
- [ ] Une lanterne chinoise
- [ ] Une lampe scrutant l'horizon
- [ ] Un dragon endormi
- [ ] Un miroir
- [ ] Le génie de la lampe

LA FABRIQUE DE GÂTEAUX

- [ ] Une aire de chargement
- [ ] Des tapis roulants
- [ ] Deux gâteaux danois
- [ ] Un bonhomme en pain d'épice
- [ ] Deux pâtisseries jouant du cornet
- [ ] Du sirop d'érable
- [ ] Des petits pains chauds
- [ ] Un tourbillon viennois
- [ ] Un roulé suisse
- [ ] Des casseroles à la chantilly
- [ ] Un élan en chocolat
- [ ] Un combat de tartes
- [ ] Une pomme à la tarte
- [ ] Une forêt noire
- [ ] Un gâteau au poisson
- [ ] Des gâteaux de pierre
- [ ] Des boulons à beignets
- [ ] L'heure du gâteau
- [ ] Un pudding d'Alaska
- [ ] Un gâteau féerique
- [ ] Un gâteau flottant suivi par un bateau
- [ ] Un gâteau renversant
- [ ] Un gâteau à la carotte
- [ ] Un gâteau-clown
- [ ] Des gâteaux-éponges
- [ ] Un gâteau portant un pâtissier

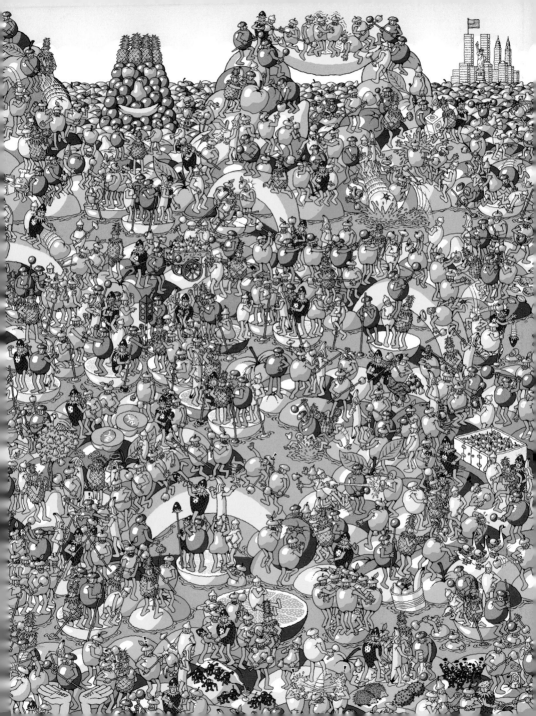

ÉCHEC ET MATHS

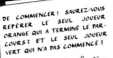

Quatre grandes équipes participent à cet étonnant jeu des nombres. Les arbitres ont bien du mal à vérifier que personne ne triche. Entre la ligne de départ, en haut, et la ligne d'arrivée, en bas, il faut résoudre des tas de problèmes. L'équipe verte a presque gagné, alors que l'équipe orange vient à peine de commencer ! Saurez-vous repérer le seul joueur orange qui a terminé le parcours ? Et le seul joueur vert qui n'a pas commencé ?

JOUJOUX
PAR MILLIERS

WAOUH! TOUS CES JOUETS SONT SORTIS DE LEUR COFFRE POUR EXPLORER LA SALLE DE JEUX! REGARDEZ LE GROS LIVRE QU'ILS ONT TRANSFORMÉ EN TERRAIN DE FOOTBALL. GÉNIAL, NON? ET QUE DITES-VOUS DU MARQUE-PAGE QUI FAIT OFFICE DE TOBOGGAN GÉANT? VOYEZ-VOUS L'OURS EN PELUCHE QUI DÉCOLLE SUR UN AVION EN PAPIER? ET LE PETIT DINOSAURE QUI POURSUIT UN HOMME DES CAVERNES? QUELLE PAGAILLE! CROYEZ-VOUS QUE LES JOUETS S'AMUSENT TOUJOURS AINSI DÈS QUE NOUS AVONS LE DOS TOURNÉ?

PEUR SOUS LES PROJECTEURS

ATTENTION LES YEUX! ICI, LES PHARES VOUS EN METTENT PLEIN LA VUE. FLASHS, ÉCLAIRS, JETS DE LUMIÈRE... LA NUIT S'ILLUMINE DE MILLE FEUX. QUEL SPECTACLE ÉBLOUISSANT! MAIS... OH NON! DES MONSTRES ESSAIENT D'ÉTEINDRE LES LUMIÈRES EN CRACHANT DE LA GLU VERTE. ILS ATTAQUENT DE TOUS CÔTÉS. AFFOLÉS, LES PAUVRES MARINS RIPOSTENT AVEC DE LA GLU ROSE. SPLITCH! SPLOUTCH! QUEL CAUCHEMAR! TROIS MONSTRES ATTAQUENT EN PROJETANT UNE GLU QUI N'EST PAS VERTE, LES AVEZ-VOUS REPÉRÉS?

LA FABRIQUE DE GÂTEAUX

MIAM-MIAM ! RÉGALEZ-VOUS LES YEUX, FANS DE CHARLIE, ET RESPIREZ LA DÉLICIEUSE ODEUR DES GÂTEAUX EN TRAIN DE CUIRE ! ADMIREZ AUSSI LES GARNITURES ALLÉCHANTES. VOYEZ-VOUS LES GÂTEAUX EN FORME DE THÉIÈRE ET DE MAISON ? ET LE GÂTEAU GÉANT LÉCHÉ PAR UN GOURMAND ? DES GÂTEAUX, DES GÂTEAUX PARTOUT ! L'EAU M'EN VIENT À LA BOUCHE ! REGARDEZ LÀ-HAUT LE TOIT DE GLAÇAGE ET DE CERISES. C'EST LE BUREAU DES CONTRÔLEURS, MAIS CETTE FABRIQUE N'EST-ELLE PAS HORS DE CONTRÔLE ?

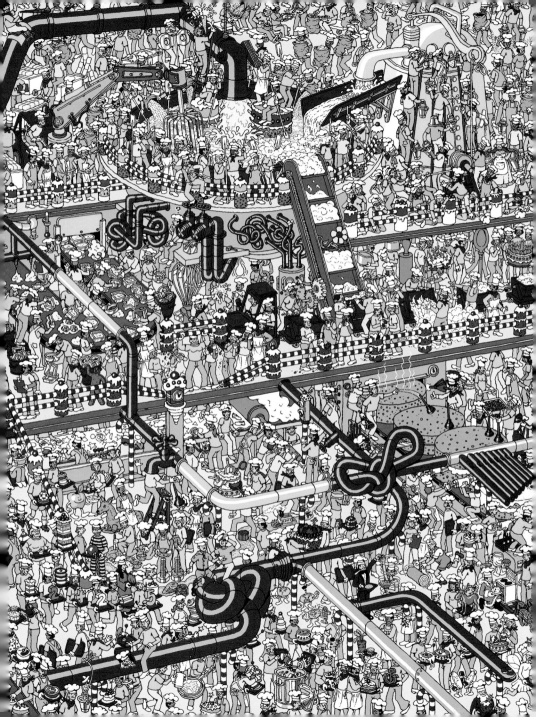

EN AVANT LA MUSIQUE

CEUX QUI GRIMPENT SUR DES ÉCHELLES DE NOTES? HA! HA! QUELLE BATAILLE EXTRAORDINAIRE! HOU! HOU! QUELLE TERRIBLE CACOPHONIE!

BOUM! BOUM! BADABOUM! ÉCOUTEZ LES TAMBOURS! UNE ÉTRANGE ARMÉE DE MUSICIENS S'AVANCE VERS LE CHÂTEAU DES FANFARES. POURQUOI DIABLE SONT-ILS DÉGUISÉS EN ANIMAUX? VOYEZ-VOUS LE RÉGIMENT DES CANARDS, CELUI DES ÉLÉPHANTS ET CELUI DES OURS? LES MUSICIENS TRANSPORTÉS DANS DES KIOSQUES À MUSIQUE? ET

LA LOI DE LA JUNGLE

Lᴀ ᴠᴀʟᴇᴜʀᴇᴜsᴇ ᴀʀᴍÉᴇ ᴅᴇs ɢᴜᴇʀʀɪᴇʀs ᴄʜᴀᴘᴇᴀᴜᴛÉs ᴇssᴀɪᴇ ᴅᴇ ᴛʀᴀᴠᴇʀsᴇʀ ᴄᴇᴛᴛᴇ ᴛᴇʀʀɪʙʟᴇ ᴊᴜɴɢʟᴇ, ᴍᴀɪs ᴅᴇs ᴄᴇɴᴛᴀɪɴᴇs ᴅᴇ ᴘᴏᴜᴀʜ ᴇᴛ ᴅᴇ ᴄʀÉᴀᴛᴜʀᴇs ᴢÉʙʀÉᴇs ɢÊɴᴇɴᴛ sᴀ ᴘʀᴏɢʀᴇs- sɪᴏɴ. ʟᴇ ᴠÉʀɪᴛᴀʙʟᴇ ᴘᴏᴜᴀʜ ᴇsᴛ ᴄᴇʟᴜɪ ǫᴜɪ sᴇ ᴛʀᴏᴜᴠᴇ ʟᴇ ᴘʟᴜs ᴘʀÈs ᴅᴇs ᴊᴜᴍᴇʟʟᴇs ǫᴜ'ɪʟ ᴀ ᴘᴇʀᴅᴜᴇs. ʟᴇ ᴠᴏʏᴇᴢ-ᴠᴏᴜs, ᴀᴠᴇᴄ ᴠᴏs ʏᴇᴜx ᴀᴜssɪ ᴘᴜɪssᴀɴᴛs ǫᴜᴇ ᴅᴇs ʀᴀʏᴏɴs x? ᴄᴏᴍʙɪᴇɴ ᴅᴇ sᴏʀᴛᴇs ᴅᴇ ᴄʜᴀᴘᴇᴀᴜx ᴅɪsᴛɪɴ- ɢᴜᴇᴢ-ᴠᴏᴜs sᴜʀ ʟᴀ ᴛÊᴛᴇ ᴅᴇs sᴏʟᴅᴀᴛs? ᴘʟᴏᴛᴄʜ! ᴘʟᴏᴛᴄʜ! ᴊᴇ sᴜɪs ʙɪᴇɴ ᴀɪsᴇ ᴅᴇ ɴᴇ ᴘᴀs ᴘᴀᴛᴀᴜ- ɢᴇʀ À ʟᴇᴜʀs ᴄÔᴛÉs ᴅᴀɴs ᴄᴇᴛᴛᴇ ʙᴏᴜᴇ ɪɴꜰÂᴍᴇ...

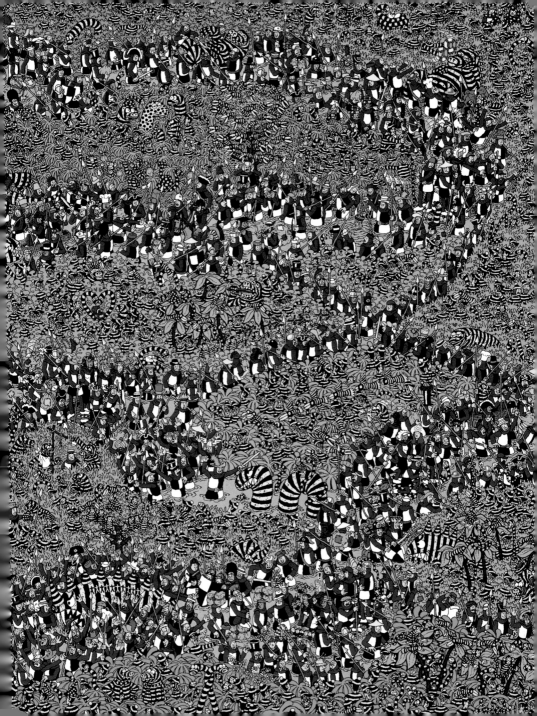

QUEL CIRQUE!

TAPEZ DES PIEDS, FANS DE CHARLIE, ET FRAPPEZ DANS VOS MAINS! VOUS ÊTES DANS LA CITÉ DES CLOWNS FARCEURS. ICI, LES RIGOLOS N'ONT QU'UN CREDO : GAGS À GOGO! REGARDEZ LEURS COSTUMES BARIOLÉS ET LEURS GROS NEZ ROUGES, TUT TUT! VOYEZ-VOUS LA VOITURE QUI TIRE LA LANGUE? DRELIN DRELIN! ET LE VÉLO AUX ROUES CARRÉES?

AH! QUEL BONHEUR D'ÊTRE DANS UNE VILLE DE CLOWNS... PLAF! PLOUTCH!... SAUF QUAND ON SE FAIT ASPERGER PAR DES FLEURS OU QUE L'ON REÇOIT UNE TARTE À LA CRÈME!

Le jardin aux mille fleurs

Ouah! Quel jardin éblouissant! Toutes les fleurs sont épanouies! Des centaines de jardiniers affairés les arrosent, les taillent et désherbent les massifs. Ils portent d'étonnants costumes qui les font ressembler à des fleurs. Mais, bien entendu, ils savent aussi cultiver toutes sortes de légumes. Combien de variétés différentes voyez-vous? Respirez à fond, fans de Charlie! Ce jardin est un vrai régal pour le nez et les yeux!

LES CORRIDORS DU TEMPS

T IC-TAC, TIC-TAC ! À UNE EXCEP-
TION PRÈS, TOUTES CES PEN-
DULES INDIQUENT MIDI MOINS LE
QUART. QUAND ELLES SE MET-
TRONT À SONNER, ELLES
FERONT UN BEAU TINTAMARRE !
AVEZ-VOUS REPÉRÉ CELLE QUI
N'EST PAS À L'HEURE ? VOUS QUI
ÊTES SI CALÉS, AMUSEZ-VOUS
AUSSI À OUVRIR LES 37 PORTES
EN UTILISANT À CHAQUE FOIS LA

CLÉ DONT LA FORME EST DES-
SINÉE SUR LE LINTEAU. OH NON !
L'UNE D'ELLES N'EST SURMON-
TÉE D'AUCUN DESSIN, ET IL VOUS
FAUT QUAND MÊME TROUVER LA
CLÉ QUI PERMET DE L'OUVRIR…

AU PAYS DE OUAF

OUAF! OUAF! REGARDEZ TOUS LES SOSIES DE OUAF! ICI, LES CHIENS ONT LA VIE BELLE. DANS LEUR HÔTEL CINQ ÉTOILES, IL Y A UNE PISCINE EN FORME D'OS ET UN STADE OÙ UNE FOULE DE OUAF POURCHASSE UNE PARTIE DU PERSONNEL HABILLÉ EN FACTEURS, EN SAUCISSES OU EN CHATS. C'EST ICI QUE SE TROUVE LE MARQUE-PAGE. VOUS SAVEZ DONC, À PRÉSENT, QUELLE EST MA PAGE PRÉFÉRÉE.

PARMI CES CENTAINES DE CHIENS, TROUVE-REZ-VOUS LE VÉRITABLE OUAF? LUI SEUL A CINQ RAYURES ROUGES SUR LA QUEUE. MAIS IL Y A UN AUTRE DÉFI À RELEVER : ONZE VOYAGEURS M'ONT SUIVI JUSQU'ICI, VENANT

TOUS D'UNE SCÈNE DIFFÉRENTE. LES VOYEZ-VOUS? TROUVEZ LA PAGE OÙ CHACUN D'EUX M'A REJOINT, PUIS L'ENDROIT OÙ ILS SE CACHENT DANS LES SCÈNES SUIVANTES. CHERCHEZ, CHERCHEZ, FANS DE CHARLIE, ET AMUSEZ-VOUS BIEN!

OÙ EST CHARLIE ? LE LIVRE MAGIQUE
DEUXIÈME PARTIE

EN AVANT LA MUSIQUE

- [ ] Un orchestre terne et mou
- [ ] Un piano portant le numéro 40
- [ ] Un musicien fumant la pipe
- [ ] Deux trombones qui jouent aux dames
- [ ] Trois ventilateurs
- [ ] Le groupe Téléphone et ses saxophones
- [ ] Des musiciens en acier
- [ ] Un orchestre qui s'en balance
- [ ] Un drap servant de partition
- [ ] Des musiciens battant leur tambour
- [ ] Un groupe béton
- [ ] Deux bouilloires musicales
- [ ] Une bouche d'orgue
- [ ] Un bébé sitar
- [ ] Un homme-orchestre
- [ ] Un cor tricolore
- [ ] Un orgue dans un tonneau
- [ ] Des archets à ruban rose
- [ ] Un groupe de rock
- [ ] Des musiciens jouant du cornet
- [ ] Un musicien portant un S
- [ ] Un éléphant qui se trompe de numéro
- [ ] Des musiciens qui montent un tambour en kit
- [ ] Une fosse d'orchestre
- [ ] Un joueur de sac-cornemuse
- [ ] Un roulement de tambour

LA LOI DE LA JUNGLE

- [ ] Un crocodile zébré
- [ ] Un soldat avec un chapeau melon
- [ ] Un cavalier avec une bombe
- [ ] Un soldat avec un chapeau de pailles
- [ ] Trois soldats avec des casquettes de montagne
- [ ] Une femme avec un chapeau de Pâques
- [ ] Deux casques de football américain
- [ ] Un soldat avec un chapeau en tuyau de poêle
- [ ] Deux soldats avec des casquettes de base-ball
- [ ] Un grand bouclier à côté d'un petit bouclier
- [ ] Une femme avec un chapeau de soleil
- [ ] Un soldat avec un chapeau à deux plumes
- [ ] Des serpents avec des hochets
- [ ] Cinq serpents romantiques
- [ ] Sept radeaux en bois
- [ ] Trois barques en bois
- [ ] Quatre nids d'oiseaux
- [ ] Un soldat qui va faire un bon dîner
- [ ] Une créature des marais sans rayures
- [ ] Un chapeau de dix grammes
- [ ] Un monstre se brossant les dents
- [ ] Une lance brisant un œuf de serpent
- [ ] Un soldat flottant sur un colis
- [ ] Un téléphone-serpent
- [ ] Deux charmeurs de serpents
- [ ] Un serpent qui lit

QUEL CIRQUE !

- [ ] Un clown qui lit le journal
- [ ] Un parapluie étoilé
- [ ] Un clown avec une théière fleurie
- [ ] Un tuyau qui fuit
- [ ] Un clown avec deux anneaux à chaque bras
- [ ] Un clown avec une longue-vue
- [ ] Deux clowns tenant de gros marteaux
- [ ] L'arroseur arrosé
- [ ] Deux clowns tenant des pots de fleurs
- [ ] Une bataille de polochons
- [ ] Un clown peignant un toit
- [ ] Un clown qui fait éclater un ballon
- [ ] Un clown aspergé par six fleurs
- [ ] Un clown dans un chapeau de clown
- [ ] Trois voitures
- [ ] Trois arrosoirs
- [ ] Un clown à la pêche aux clowns
- [ ] Un chapeau pour deux
- [ ] Un lance-tartes
- [ ] Trois tee-shirts pour le thé
- [ ] Trois clowns avec des seaux d'eau
- [ ] Un clown avec un yoyo
- [ ] Un clown qui met le pied dans le plat
- [ ] Dix-sept nuages
- [ ] Un clown à qui l'on chatouille les pieds
- [ ] Un clown au nez vert

LE JARDIN AUX MILLE FLEURS

- [ ] Une haie qui se taille
- [ ] Deux bacs de roses roses
- [ ] Une plaquette de beurre volant
- [ ] De la vaisselle fleurie
- [ ] Un arrosoir à cinq pommes
- [ ] Un oiseau dans son bain
- [ ] Des fleurs en forme de maison
- [ ] Un épouvantail qui tire la langue
- [ ] Une citrouille qui donne la trouille
- [ ] Un appétit d'oiseau
- [ ] Une pièce de théâtre au style fleuri
- [ ] La grenouille de La Fontaine
- [ ] Des vers de terre
- [ ] Un pot de fleurs près d'une fleur de pots
- [ ] Une partie de criquets
- [ ] Un filet à papillons et un papillon à filets
- [ ] La reine des abeilles
- [ ] Un jardinier paysagiste
- [ ] Un cadran solaire près d'un soleil
- [ ] Des jardiniers danseurs
- [ ] Un fumet de fumier
- [ ] Un concours de courges
- [ ] Des pots qui n'ont pas de pot
- [ ] Des amours de papillons
- [ ] Une brouette qui pousse un jardinier
- [ ] Une coccinelle sans points
- [ ] Des saules pleureurs

LES CORRIDORS DU TEMPS

- [ ] Les douze coups de la pendule
- [ ] Une pendule au nez vert
- [ ] Des pendules en brique
- [ ] Un œuf portant un sablier
- [ ] Une pendule qui guette
- [ ] Un réveille-matin assourdissant
- [ ] Une pendule vagabonde
- [ ] Une course contre la montre
- [ ] Des chiffres romains
- [ ] Une pendule volante
- [ ] Un sablier anglais
- [ ] Un homme qui a perdu son pantalon
- [ ] Un vieillard barbu armé d'une faux
- [ ] Une pendule dans un rocking-chair
- [ ] Trente-six paires de jumeaux presque identiques
- [ ] Une canne qui marche
- [ ] Deux jumeaux parfaitement identiques
- [ ] Un homme qui se fait tirer les bretelles
- [ ] Un balancier sur une balançoire
- [ ] Deux queues-de-pie
- [ ] Un bélier
- [ ] Un cadran solaire
- [ ] Deux parapluies emmêlés

AU PAYS DE OUAF

- [ ] Des biscuits pour chiens en forme de chien
- [ ] Un chien de montagne
- [ ] Un chien qui s'évente
- [ ] Un bus déguisé en Ouaf
- [ ] Des paniers à chiens
- [ ] Deux bagages qui nagent
- [ ] Un chien de berger
- [ ] Un chien à l'heure
- [ ] Un chien à dos de taureau
- [ ] Un chien viking
- [ ] Un chien de garde
- [ ] Un chien au maillot mouillé
- [ ] Des maillots de bain qui se baignent
- [ ] Un chien avec un collier rouge
- [ ] Un chien à collier jaune avec un disque bleu
- [ ] Un chien avec un pompon bleu
- [ ] Un chien médaillé d'or
- [ ] Un saucisson sur pattes entouré de saucisses
- [ ] Un chat déguisé en Ouaf
- [ ] Un bain pour les petits chiens
- [ ] Un chien écossais
- [ ] Deux chiens se faisant masser
- [ ] Un chien détective
- [ ] Un chariot de gâteaux en forme d'os
- [ ] Vingt-deux serviettes rayées rouge et blanc

★ LE FIN DU FIN ★

Ha, ha ! Quel plaisantin ! Le clown qui suit
Charlie et ses amis jusqu'à la fin du livre a
changé la couleur du ruban de son chapeau
dans l'une des scènes. À quelle page ? Et quelle
est la couleur du nouveau ruban ?

LA GRANDE EXPO!

HELLO, FANS DE CHARLIE!
BIENVENUE À LA GRANDE
EXPO, POUR UNE VÉRITABLE
AVENTURE CHARLISTIQUE !
DANS LA PREMIÈRE GALERIE
DU MUSÉE, VOUS TROUVEREZ
TRENTE ÉNORMES
PORTRAITS. CERTAINS VOUS
SEMBLERONT PEUT-ÊTRE
FAMILIERS! EXAMINEZ-LES
SOIGNEUSEMENT, CAR
CHACUN DES PERSONNAGES
REPRÉSENTÉS EST DISSIMULÉ
SANS SON CADRE AU FIL
DES AUTRES PAGES... ALORS
SOYEZ ATTENTIFS, JEUNES
DÉTECTIVES, ET PARTEZ
À LEUR RECHERCHE, SANS
OUBLIER DE REPÉRER CHARLIE
ET SES COMPAGNONS HABITUELS!

CHARLIE

EXPO 1 - LA GALERIE DES GÉANTS DE POUAH

C'EST PARTI, CHARLIEMANIAQUES! NOUS VOICI DANS
L'EXTRAORDINAIRE GALERIE DE POUAH. AVEZ-VOUS JAMAIS VU TANT
DE RAYURES JAUNES ET NOIRES EN UN MÊME ENDROIT?
C'EST INCROYABLE! MAIS VOUS N'ÊTES PAS AU BOUT DE VOS
SURPRISES: REGARDEZ BIEN LES TRENTE PORTRAITS GÉANTS
QU'IL VOUS FAUDRA MÉMORISER. TOUTES SORTES DE PERSONNAGES
SONT REPRÉSENTÉS, QUI APPARAÎTRONT UNE SEULE ET UNIQUE
FOIS AU FIL DES SCÈNES ET QU'IL VOUS FAUDRA REPÉRER.
M'AVEZ-VOUS TROUVÉ AINSI QUE MES AMIS PARMI CETTE FOULE?
BONNE CHANCE À TOUS ET BONNE CHASSE AUX IMAGES...

EXPO 1 – LA GALERIE DES GÉANTS DE POUAH

- Un pirate à la peau verte
- Deux faux fantômes
- Cinq momies
- Un doigt bandé
- Deux araignées
- Une tête de mort
- Une fleur tombante
- Deux tatouages de nounours
- Un chat noir
- Le soleil
- Huit chapeaux pointus de sorcière
- Quatorze échelles
- Douze vautours
- Une tête de mort à l'envers
- Cinq sorcières volantes
- Une paire de lunettes en forme de cœur
- Trois casques à pointe
- Un vampire édenté
- Une paille
- Un Viking aplati

EXPO 2 – LA GALERIE DES SPORTIFS

- Un trou de golf vertical
- Un cercle de centaure
- Un court de volley
- Un service en ace
- Un boxeur sauvé par une belle
- Trou n° 5
- Un lancer de balle de base-ball
- Un billard
- Un prof de gym
- Des fans de foot faisant la hola
- Une équipe de nageurs
- Une classe d'art
- Des mineurs
- Des ombres de boxeurs
- Un arrière de football
- Des chapeaux pointus de neige
- Deux coffres flottants
- Un arc et des flèches
- Une chasse à courre
- Une poire patineuse

JEU DES DIFFÉRENCES EXPO 4 – LA GALERIE DES DRAGONS ET MARINS

- La fin d'une queue
- Un nuage
- Un ballon brun
- Un ballon non numéroté
- Une dent en moins
- Un lasso
- Une fumée
- Un drapeau
- Un monstre sans taches
- Un numéro
- Un drapeau numéroté
- Un monstre
- Un marin en moins
- Un télescope
- Un homme à barbe jaune
- Une bave de dragon
- Un marin en plus
- Un pistolet de boue
- Une créature de la mer marron
- Un marin avec un chapeau blanc

EXPO 5 - LA GALERIE DU CLUB FLAMANT ROSE

- Deux patineurs
- Deux pantalons moulants
- Deux guitaristes de rock
- Deux tables de mixage
- Une jupe crayon
- Des danseurs de bal
- Deux insectes
- Un chanteur solitaire
- Des sacs Oxford
- Une minijupe
- Un tee-shirt
- Deux danseurs de Charleston
- Des chaussures compensées
- Deux disc-jockeys
- Un homme avec une araignée sur la tête
- Un danseur avec une chaussure
- Une armure toupie
- Deux bananes
- Un talon cassé
- Deux portiers

EXPO 6 – LA GALERIE DES VIEUX AMIS

- Une dame en crinoline bleue
- Un bonhomme de neige
- Un monstre en costume
- Un cosmonaute rouge
- Une femme avec un sac vert
- Un pirate surfeur
- Un garçon assoiffé
- Un vendeur de beignets
- Un crabe pinçant un orteil
- Un hippopotame avec une brosse à dents
- Un homme avec une perche cassée
- Une statue
- Une grenouille taureau
- Un homme tenant une fleur
- La moitié d'un homme dans un trou
- Une remorque rouge
- Une femme portant une planche
- Un nageur dans l'ombre
- Un chien dans l'ombre
- Une femme avec une brosse

EXPO 1 - LA GALERIE DES GÉANTS DE POUAH

C'EST PARTI, CHARLIEMANIAQUES! NOUS VOICI DANS
L'EXTRAORDINAIRE GALERIE DE POUAH. AVEZ-VOUS JAMAIS VU TANT
DE RAYURES JAUNES ET NOIRES EN UN MÊME ENDROIT?
C'EST INCROYABLE! MAIS VOUS N'ÊTES PAS AU BOUT DE VOS
SURPRISES: REGARDEZ BIEN LES TRENTE PORTRAITS GÉANTS
QU'IL VOUS FAUDRA MÉMORISER. TOUTES SORTES DE PERSONNAGES
SONT REPRÉSENTÉS, QUI APPARAÎTRONT UNE SEULE ET UNIQUE
FOIS AU FIL DES SCÈNES ET QU'IL VOUS FAUDRA REPÉRER.
M'AVEZ-VOUS TROUVÉ AINSI QUE MES AMIS PARMI CETTE FOULE?
BONNE CHANCE À TOUS ET BONNE CHASSE AUX IMAGES...

EXPO 2
LA GALERIE
DES SPORTIFS

QUELLE AVENTURE, CHERS AMIS, ON
SE CROIRAIT AUX JEUX OLYMPIQUES!
LA GRANDE GALERIE DES MUSCLES VOUS
PRÉSENTE DE NOMBREUSES CURIOSITÉS...
IL N'Y A PAS UNE MINUTE À PERDRE POUR
DÉCOUVRIR CE DRÔLE D'UNIVERS. MAIS,
AVANT TOUT, N'OUBLIEZ PAS NOTRE GRANDE
CHASSE AUX PORTRAITS. ALLEZ, À VOUS
DE JOUER ET QUI M'AIME ME CHERCHE!
À VOS MARQUES, PRÊTS,
PARTEZ!

EXPO 5 – LA GALERIE DU CLUB FLAMANT ROSE

NOUS SOMMES SAMEDI SOIR ET LA TEMPÉRATURE N'ARRÊTE PAS DE GRIMPER DANS LE CLUB FLAMANT ROSE. LA MUSIQUE DISCO A ENVAHI LA PISTE DE DANSE ET TOUT LE MONDE S'EN DONNE À CŒUR JOIE. QUELLE FÊTE! TOUT LE MONDE SUR UN PIED, PUIS SUR L'AUTRE, LE RYTHME S'ACCÉLÈRE ET LA FOULE S'AGITE EN CADENCE. ENTREZ EN PISTE ET DÉHANCHEZ-VOUS SUR CETTE MUSIQUE ENDIABLÉE, MAIS N'OUBLIEZ PAS DE ME CHERCHER!

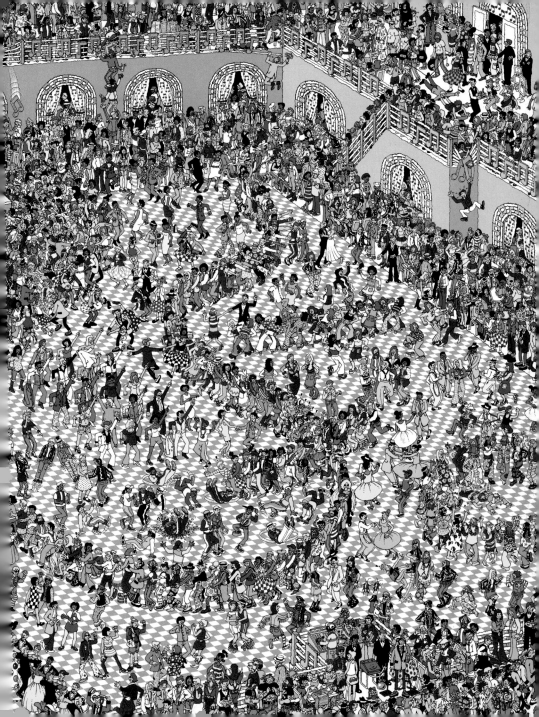

EXPO 6 – LA GALERIE DES VIEUX AMIS

AH! QUEL BONHEUR DE REVOIR SES VIEUX AMIS! J'AIME TANT REGARDER MES ALBUMS SOUVENIRS! CETTE PAGE EST L'UNE DE MES PRÉFÉRÉES: UN HABILE MONTAGE FAIT APPARAÎTRE QUELQUES VISAGES RENCONTRÉS LORS DE MES PRÉCÉDENTES AVENTURES. GÉNIAL, NON? Y VOICI ENFIN UN VÉRITABLE DÉFI POUR LES FANS DE CHARLIE: ARRIVEREZ-VOUS À IDENTIFIER TOUS MES VIEUX AMIS? SI VOUS NE LES CONNAISSEZ PAS, JE VOUS PROPOSE UNE ÉNIGME PLUS FACILE: RETROUVEZ, DANS CETTE SCÈNE, TOUS CEUX QUI SONT REPRÉSENTÉS DANS LES MINI-PORTRAITS ENCERCLÉS, SUR CE CADRE DORÉ. BONNE CHASSE À TOUS!

EXPO 7 - LA GALERIE DES VIEUX AMIS BIS

QUEL BONHEUR DE RESTER AVEC SES AMIS! JE NE M'EN
LASSE PAS. ALORS, JE VOUS AI CONCOCTÉ UN NOUVEAU
MOYEN DE LES RECONNAÎTRE ET DE LES RENCONTRER.
DANS CETTE GALERIE, RETROUVEZ MES AMIS DE L'EXPO
PRÉCÉDENTE GRÂCE À LEUR PORTRAIT EN OMBRE
CHINOISE. MAIS, POUR RENDRE CETTE AVENTURE UN PEU
PLUS INTÉRESSANTE, JE ME SUIS AMUSÉ À RETOURNER
OU INVERSER CERTAINS D'ENTRE EUX...
ALORS, OUVREZ L'ŒIL, JEUNES DÉTECTIVES!

EXPO 8 – LA GALERIE DES MONSTRES

PAR MES LUNETTES ET MON BONNET ! JE SUIS PERDU DANS LA GALERIE DES MONSTRES. C'EST INCROYABLE ! QUE DE CRÉATURES ÉTRANGES, ET TOUS CES CHASSEURS QUI COURENT AUTOUR, IL EST IMPOSSIBLE DE SAVOIR QUI EST RESPONSABLE DE CE MONDE DE FOUS. MAIS NE VOUS LAISSEZ PAS TROP DISTRAIRE PAR CE MÉLI-MÉLO, CHERS AMATEURS D'ART, CAR IL VOUS RESTE QUELQUES PORTRAITS À TROUVER SANS OUBLIER MA TÊTE ET MON FAMEUX BONNET…

EXPO 9 – LA GALERIE DU MONDE DE CHARLIE

C'EST LA CHARLIEFOLIE DANS CETTE GALERIE! BIENVENUE
CHARLIEMANIAQUES, MAIS ATTENTION CE N'EST PAS
SEULEMENT MON UNIVERS MAIS AUSSI CELUI DE FÉLICIE, DE
BLANCHEBARBE, DE OUAF ET DE POUAH. INCROYABLE, NON?
MAIS REGARDEZ DE PLUS PRÈS... IL N'Y A QU'UN SEUL VRAI
CHARLIE ICI, ET IL EN VA DE MÊME POUR MES AMIS. POUR
VOUS AIDER, JE VOUS DONNE UN INDICE: N'OUBLIEZ PAS DE
COMPTER NOS RAYURES ET AINSI, VOUS ÉLIMINEREZ LES
COPIES. À VOUS DE JOUER : ESSAYEZ DE NOUS TROUVER !

EXPO 10 – MAIS OUI, C'EST ENCORE
LA GALERIE DU MONDE DE CHARLIE

NE VOUS LAISSEZ PAS INFLUENCER PAR CETTE GRANDE
FOLIE, CHERS LECTEURS. NOTRE UNIVERS EST À NOUVEAU
PLEIN DE SOSIES ET NOUS SOMMES TOUJOURS ICI. MAIS
CETTE FOIS-CI, VINGT DIFFÉRENCES SE SONT GLISSÉES
DANS NOTRE GALERIE. ALORS, EXAMINEZ AVEC SOIN LES
EXPOS 9 ET 10 ET REPÉREZ CHAQUE DÉTAIL NOUVEAU.
BONNE CHANCE!

EXPO 11 - LA GALERIE DES PIRATES

TOUS À VOS POSTES, MOUSSAILLONS! ON NOUS ATTAQUE!
À L'ABORDAGE! CRIENT LES PIRATES.
NOUS AVONS NAVIGUÉ SUR LES SEPT MERS, À LA
RECHERCHE DES PORTRAITS DE LA GALERIE DES GÉANTS,
ET MAINTENANT QUE NOTRE VOYAGE TOUCHE À SA FIN,
J'ESPÈRE QUE LES PIRATES NE VONT PAS COULER NOTRE
NAVIRE. JE SUIS SÛR QUE LES NAUFRAGÉS N'ONT AUCUNE
ENVIE DE NOUS VOIR DÉBARQUER SUR LEURS ÎLES.
TOUS SUR LE PONT!

EXPO 12 – LA GALERIE DES PORTRAITS

NOTRE VOYAGE EST PRESQUE TERMINÉ, CHERS CHASSEURS D'IMAGES, MAIS FINISSONS EN BEAUTÉ : UNE DERNIÈRE EXPOSITION FANTASTIQUE DANS UNE VRAIE GALERIE DE PORTRAITS. C'EST CHARLISTIQUE ! LE PUBLIC SEMBLE BEAUCOUP PLUS ACCUEILLANT QUE DANS LA GALERIE DES GÉANTS DE POUAH. NOUS SOMMES RAVIS DE RETROUVER ICI LES TRENTE PERSONNAGES QUE VOUS AVEZ CHERCHÉS AU FIL DES PAGES. POURREZ-VOUS LES REPÉRER PARMI LES SPECTATEURS DE CETTE GALERIE ? ET OUI, C'EST ENCORE À VOUS DE JOUER !

EXPO 10 – MAIS OUI, C'EST ENCORE LA GALERIE DU MONDE DE CHARLIE

- [ ] Un Blanchebarbe absent
- [ ] Un Charlie grimaçant
- [ ] Une queue de Ouaf absente
- [ ] Le bonnet manquant d'un des Pouah
- [ ] Un Pouah portant les mauvaises lunettes
- [ ] Une Félicie avec des chaussettes bleues
- [ ] Une canne raccourcie
- [ ] Un Pouah avec un pantalon jaune
- [ ] Une Félicie avec des rayures verticales
- [ ] La couleur de barbe d'un magicien
- [ ] Une Félicie avec une jupe rouge
- [ ] Un Blanchebarbe avec un chapeau rouge
- [ ] Un Charlie avec des rayures décalées
- [ ] Un Blanchebarbe sans son bâton
- [ ] Un bonnet sans pompon
- [ ] Un Charlie avec un pantalon rayé
- [ ] Une Félicie sans lunettes
- [ ] Une queue de Ouaf plus longue
- [ ] Une canne manquante
- [ ] Un Pouah tacheté

EXPO 8 – LA GALERIE DES MONSTRES

- [ ] Une salière et une poivrière
- [ ] Un serpent prêt à mordre
- [ ] Un monstre au napperon
- [ ] Une queue attrapant un pied
- [ ] Deux chasseurs utilisant des mouchoirs
- [ ] Un radeau de serpents
- [ ] Un monstre chatouilleux
- [ ] Un serpent attaquant deux chasseurs
- [ ] Un casque à pointe agressif
- [ ] Un monstre grignotant du bois
- [ ] Un bouclier rond
- [ ] Six flèches rebondissant sur des monstres
- [ ] Une course de natation
- [ ] Un bouquet de fleurs
- [ ] Un klaxon
- [ ] Un monstre avec trois épées
- [ ] Un chasseur à l'envers
- [ ] Une langue attrapant une jambe
- [ ] Un monstre mâchant des lances
- [ ] Deux chasseurs glissants

EXPO 11 – LA GALERIE DES PIRATES

- [ ] Sept bouteilles
- [ ] Des panneaux de plongée
- [ ] Un message dans une bouteille
- [ ] Une vague géante
- [ ] Une école de baleines
- [ ] Un pirate faisant le service
- [ ] Cinq oiseaux
- [ ] Une plateforme de cartes
- [ ] Sept drapeaux
- [ ] Un pirate marchant sur une planche
- [ ] Une île flottante (dessert)
- [ ] Onze canons
- [ ] Un C bleu
- [ ] Huit ailerons
- [ ] Un pirate avec une hache et un sabre
- [ ] Un robinet
- [ ] Des lits pour langoustes
- [ ] Quatre boulets de canon
- [ ] Un canon avec deux pieds
- [ ] Une voile reprisée

EXPO 12 – LA GALERIE DES PORTRAITS

- [ ] Seize fleurs
- [ ] Une femme guitariste
- [ ] Une fuite d'eau
- [ ] Deux artistes duellistes
- [ ] Un chanteur en manteau
- [ ] Quatre balais
- [ ] Un cadre rouge vide
- [ ] Deux femmes des cavernes
- [ ] Une très longue barbe blanche
- [ ] Neuf poissons
- [ ] Un artiste avec sept pinceaux
- [ ] Un âne gris
- [ ] Un bouclier grossier
- [ ] Deux brosses dans un chapeau
- [ ] Un loup affamé
- [ ] Une attache de cravate rouge
- [ ] Un artiste avec une énorme brosse
- [ ] Cinq tabourets
- [ ] Des manches rayées jaunes et rouges
- [ ] Un vase fendu

AVANT DE SE QUITTER…

Pourquoi ne pas s'amuser avec un peu de calcul ? Ajoutez le nombre de tableaux encadrés représentant des hommes dans l'Expo 1 avec le nombre de cadres bleus de l'Expo 7 et, pour finir, soustrayez de cette somme, le nombre de cadres triangulaires de l'Expo 12. Et que le meilleur trouve…

SALUT, FANS DE CHARLIE,

ÊTES-VOUS PRÊTS À ME REJOINDRE
DANS DE NOUVELLES AVENTURES
INCROYABLES TOUJOURS PLUS DRÔLES
ET PLUS AMUSANTES?

CETTE FOIS, J'AI EMPORTÉ AVEC MOI
MON CARNET SECRET, POUR TOUT
NOTER.

OUAOUH! LE JEU COMMENCE ALORS
QUE LES CHEVALIERS ROUGES ASSIÈGENT
LE CHÂTEAU DES CHEVALIERS BLEUS.
SAUREZ-VOUS RETROUVER
PLUSIEURS GARGOUILLES GRIMAÇANTES,
UN FANTÔME EFFRAYANT ET UN
GÂTEAU GÉANT?

À VOUS DE JOUER!   CHARLIE

DANS CHAQUE SCÈNE, CHERCHEZ CHARLIE, OUAF (ON NE VOIT
QUE SA QUEUE), FÉLICIE, LE MAGE BLANCHEBARBE ET POUAH.
ATTENTION AUX ENFANTS HABILLÉS COMME CHARLIE!

CHERCHEZ AUSSI: LES CLEFS DE CHARLIE, L'OS
DE OUAF L'APPAREIL PHOTO DE FÉLICIE, LE PARCHEMIN
DE BLANCHEBARBE, SANS OUBLIER LES JUMELLES DE POUAH.

ENFIN, ARRIVEREZ-VOUS À TROUVER LA FEUILLE QUE CHARLIE
A FAIT TOMBER DE SON CARNET DANS CHAQUE SCÈNE?

OÙ EST CHARLIE ? LE CARNET SECRET : PREMIÈRE PARTIE

Encore une foule de choses à trouver et de gags pour les fans de Charlie.

À L'ASSAUT DU CHÂTEAU

- [ ] Cinq soldats à la tunique et au panache bleus
- [ ] Cinq soldats à la tunique et au panache rouges
- [ ] Un soldat à la tunique bleue et au panache rouge
- [ ] Un soldat à la tunique rouge et au panache bleu
- [ ] Quatre archers à la tunique bleue
- [ ] Cinq personnes avec des plumes blanches
- [ ] Des brochets tenant des hallebardes
- [ ] Des mineurs creusant un tunnel
- [ ] Vingt-deux échelles
- [ ] Des archers portant des nœuds
- [ ] Huit catapultes
- [ ] Vingt-sept jeunes femmes vêtues de bleu
- [ ] Douze hommes à la barbe blanche
- [ ] Un puits à vœux
- [ ] Deux sorcières
- [ ] Neuf boucliers bleus
- [ ] Quatre chevaux
- [ ] Trois boucliers rouges et ronds
- [ ] Un prisonnier suscitant des interrogations
- [ ] Huit hommes qui piquent un somme
- [ ] Quelqu'un aux cheveux très longs
- [ ] Un soldat avec un pied nu
- [ ] Dix-huit personnages qui tirent la langue
- [ ] Cinq tentes

JEUX JURASSIQUES

- [ ] Une partie de volley entre dinos
- [ ] Une course d'aviron reptilienne
- [ ] Des dinosaures jouant au cricket
- [ ] Un match de foot entre gros lézards
- [ ] Une course de planches à voile
- [ ] Des dinosaures jouant au base-ball
- [ ] Une partie de dino-football américain
- [ ] Des dinosaures jouant au basket
- [ ] Des dinosaures jouant au golf
- [ ] Une course d'obstacles jurassique
- [ ] Un match de polo à l'ère du Crétacé
- [ ] Des dinosaures pom-pom girls
- [ ] Des queues de dinos marquant le score
- [ ] Des dinosaures sautant des haies

CLIC-CLAC, DANS LA BOÎTE !

- [ ] Un oiseau échappé de son cadre
- [ ] Un dragon en colère
- [ ] Un avion avec des ailes d'oiseau
- [ ] Un réveil
- [ ] Un cactus qui se carapate
- [ ] Un tronc d'arbre insolent
- [ ] Des poissons-doigts
- [ ] Une sirène inversée
- [ ] Trois skieurs
- [ ] Quelqu'un mangeant salement
- [ ] Une photo sens dessus dessous
- [ ] Un pied de géant
- [ ] Trois animaux romantiques
- [ ] Un pied que l'on chatouille
- [ ] Un tableau à l'intérieur d'un tableau
- [ ] Deux hommes pour un chapeau
- [ ] Deux casques à cornes entremêlés
- [ ] Quelqu'un buvant à la paille
- [ ] Trois drapeaux
- [ ] Neuf langues tirées
- [ ] Un homme des cavernes
- [ ] Sept chiens et un chien de mer
- [ ] Un doigt bandé
- [ ] Une moustache tressée
- [ ] Quatre ours
- [ ] Trois casques à plumes rouges
- [ ] Quatre chats
- [ ] Quatre canards
- [ ] Des cadres jaune, bleu et rouge

SAUVE QUI PEUT !

- [ ] Un bouclier abandonné par son effigie
- [ ] Un cœur sur la tunique d'un soldat
- [ ] Une épée courbée
- [ ] Un soldat portant un marteau
- [ ] Une lance rayée
- [ ] Un soldat torse nu
- [ ] Deux chaussures qui s'enfuient
- [ ] Un cavalier sans monture
- [ ] Un soldat avec une épée et une hache
- [ ] Trois pieds nus
- [ ] Quatre queues roses
- [ ] Une lance avec une pointe à chaque extrémité
- [ ] Un casque au panache bleu
- [ ] Un soldat avec deux chaussures différentes
- [ ] Un casque au panache rouge

COMBAT DE CHIENS

- [ ] Un soldat-chien chasseur
- [ ] Un soldat-chien de garde anglais
- [ ] Un soldat-chien boxeur
- [ ] Un soldat-chien détective
- [ ] Un soldat-caniche primé
- [ ] Deux soldats faisant le beau devant un os
- [ ] Deux soldats qui vont chercher la baballe
- [ ] Quatre étoiles sur une tunique
- [ ] Un panier pour chien
- [ ] Un chien portant un masque humain
- [ ] Quatre pieds chatouilleux
- [ ] Un soldat avec deux queues de chien
- [ ] Une étoile blanche sur une tunique jaune
- [ ] Des yeux jaunes sur un masque de chien
- [ ] Un soldat avec des jambes noires et marron
- [ ] Un gant jaune sur un bras bleu rayé
- [ ] Un gant jaune sur un bras noir rayé
- [ ] Un masque canin bleu sur une tunique bleue
- [ ] Un nez bleu sur un masque de chien marron

ROULEMENTS DE TAMBOURS

- [ ] Un rang insolent
- [ ] Quand la courtoisie crée un carambolage…
- [ ] Des lances très, très courtes
- [ ] Un groupe regardant dans toutes les directions
- [ ] Un effet domino
- [ ] Une lance qui n'en finit pas
- [ ] Deux chapeaux joints
- [ ] Des soldats en guenilles
- [ ] Un soldat portant une seule chaussure
- [ ] Un soldat portant des chaussures rouges
- [ ] Trente-cinq chevaux
- [ ] Un ruban de chapeau rose et un autre bleu
- [ ] Une lance bleue
- [ ] Une chaussure égarée
- [ ] Un chapeau avec une plume jaune
- [ ] Un chapeau avec un ruban rouge

LA GRANDE ÉVASION

- [ ] Dix hommes à la capuche verte
- [ ] Dix hommes portant un seul gant
- [ ] Dix capuches non assorties aux gants
- [ ] Dix hommes portant des gants dépareillés
- [ ] Dix hommes avec un gant court et un long
- [ ] Dix gants égarés
- [ ] Dix gants auxquels il manque un doigt
- [ ] Six échelles
- [ ] Dix-neuf pelles
- [ ] Cinq points d'interrogation formés par des haies

SALUT, FANS DE CHARLIE,

ÊTES-VOUS PRÊTS À ME REJOINDRE DANS DE NOUVELLES AVENTURES INCROYABLES TOUJOURS PLUS DRÔLES ET PLUS AMUSANTES?

CETTE FOIS, J'AI EMPORTÉ AVEC MOI MON CARNET SECRET, POUR TOUT NOTER.

OUAOUH! LE JEU COMMENCE ALORS QUE LES CHEVALIERS ROUGES ASSIÈGENT LE CHÂTEAU DES CHEVALIERS BLEUS. SAUREZ-VOUS RETROUVER PLUSIEURS GARGOUILLES GRIMAÇANTES, UN FANTÔME EFFRAYANT ET UN GÂTEAU GÉANT?

À VOUS DE JOUER!   CHARLIE

DANS CHAQUE SCÈNE, CHERCHEZ CHARLIE, OUAF (ON NE VOIT QUE SA QUEUE), FÉLICIE, LE MAGE BLANCHEBARBE ET POUAH. ATTENTION AUX ENFANTS HABILLÉS COMME CHARLIE!

CHERCHEZ AUSSI: LES CLEFS DE CHARLIE, L'OS DE OUAF, L'APPAREIL PHOTO DE FÉLICIE, LE PARCHEMIN DE BLANCHEBARBE, SANS OUBLIER LES JUMELLES DE POUAH.

ENFIN, ARRIVEREZ-VOUS À TROUVER LA FEUILLE QUE CHARLIE A FAIT TOMBER DE SON CARNET DANS CHAQUE SCÈNE?

JEUX JURASSIQUES

PLUTÔT HABILES, CES GROS REPTILES!
FOOT, BASKET, RIEN NE LES ARRÊTE!
QUELLE ÉQUIPE ALLEZ-VOUS SOUTENIR:
CELLE DES BLEUBLANDOSAURES OU
CELLE DES GROPLODOCUS? EN TOUT CAS,
SI VOUS APERCEVEZ UN TYRANNOSAURE,
FUYEZ! ON NE SAIT PAS À QUELLE ÉQUIPE
IL APPARTIENT, MAIS MIEUX VAUT NE PAS
ÊTRE DANS LE CAMP ADVERSE!

CLIC-CLAC, DANS LA BOÎTE!

REGARDEZ TOUS CES PORTRAITS! CE SONT DES PERSONNES QUE J'AI CROISÉES DURANT MES NOMBREUX VOYAGES. LA PLUPART APPARAISSENT DANS D'AUTRES PAGES DE CETTE HISTOIRE, BIEN QU'ELLES PUISSENT ÊTRE HABILLÉES D'AUTRES COULEURS. SAUREZ-VOUS REPÉRER LES QUATRE PERSONNAGES QUE L'ON VOIT DEUX FOIS DANS CE MÉLI-MÉLO?

COMBAT DE CHIENS

DEUX ARMÉES SE LIVRENT BATAILLE, CHAQUE GUERRIER PORTANT UN MASQUE DE CHIEN. L'UNE EST VÊTUE DE BLEU, DE NOIR ET DE BLANC, L'AUTRE ARBORE DU ROUGE, DU MARRON ET DU JAUNE. MAIS HUIT SOLDATS (QUATRE DE CHAQUE CAMP) SE SONT MÉLANGÉ LES PINCEAUX ET PORTENT UNE DES COULEURS DE L'ÉQUIPE ADVERSE. SAUREZ-VOUS LES IDENTIFIER? OH! ET OÙ OUAF S'EST-IL CACHÉ?

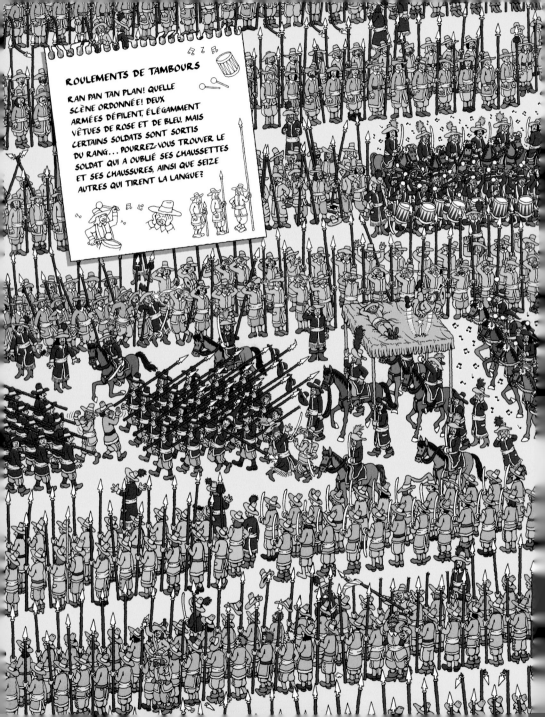

LA GRANDE ÉVASION

À L'AIDE, FANS DE CHARLIE! JE SUIS
AU COEUR D'UN INVRAISEMBLABLE
LABYRINTHE, ET JE NE SUIS PAS
LE SEUL! QUATRE ÉQUIPES SONT
PERDUES ET NE TROUVENT PAS LA
SORTIE. CERTAINS ONT DE DRÔLES
D'IDÉES POUR S'ÉVADER, COMME DE
SE JUCHER SUR UNE FUSÉE OU SE
FAIRE CATAPULTER. MAIS IL N'Y A
QU'UNE SEULE ISSUE: TROUVEZ-LA!

UNE FÊTE PHÉNOMÉNALE – RÉPONSES

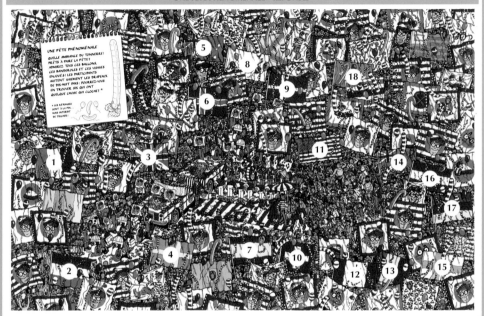

1. France
2. Pays-Bas
3. Royaume-Uni
4. Suède
5. Australie
6. Norvège
7. Espagne
8. Japon
9. Danemark
10. Suisse
11. États-Unis
12. Canada
13. Belgique
14. Nouvelle-Zélande
15. Finlande
16. Autriche
17. Allemagne
18. Brésil

ERREURS DANS LES DRAPEAUX
3. Des bandes rouges diagonales manquent.
4. Il est attaché à l'envers.
5. Une étoile est manquante.
11. Les bandes sont inversées.
12. La feuille est à l'envers.
14. Les bandes rouges manquent.

UNE FÊTE PHÉNOMÉNALE

- [ ] Cinq têtes de Charlie vues de dos
- [ ] Un domestique s'inclinant en arrière
- [ ] Deux « Monsieur Muscle » qu'on ignore
- [ ] Un groupe de huit musiciens
- [ ] Un casque porté à l'envers
- [ ] Huit roues avant
- [ ] Deux visages de Charlie à l'envers
- [ ] Un homme la tête dans une banderole
- [ ] Un personnage portant un béret bleu
- [ ] Un accoudoir mécontent

PAPIER ET CRAYON

Avez-vous trouvé les huit feuilles de papier que Charlie a fait tomber de son carnet – une dans chaque scène ? Charlie a aussi égaré son crayon au cours de son voyage ; aurez-vous le courage de le chercher parmi les pages précédentes ?

CE N'EST JAMAIS FINI...

Des douzaines de fans de Charlie apparaissent dans ce récit (il y en a dans chaque scène, mais certaines en comportent plus que d'autres)... Il y a également un personnage – autre que Charlie, Ouaf, Félicie, le mage Blanchebarbe et Pouah – qui se promène dans chaque scène. Saurez-vous l'identifier ?

Les albums constituant cet ouvrage ont été publiés par les Éditions Gründ sous les titres :

Où est Charlie ? © 1987, 1997 Martin Handford

Charlie remonte le temps © 1988, 1994, 1997 Martin Handford

Où est Charlie ? Le Voyage fantastique © 1989, 1995, 1997 Martin Handford

Où est Charlie ? À Hollywood © 1993, 1997 Martin Handford

Où est Charlie ? Le Livre magique © 1997 Martin Handford

Où est Charlie ? La Grande Expo © 2006 Martin Handford

Où est Charlie ? Le Carnet Secret © 2009 Martin Handford

© 2011 Éditions Gründ pour l'édition française

60, rue Mazarine – 75006 Paris

Édition originale 2011 par Walker books Ltd

87 Vauxhall Walk, London SE11 5HJ sous le titre *Wally Travel edition*

ISBN 978-2-7000-3184-3

Dépôt légal : avril 2011

Imprimé en Chine

Loi n° 49-956 du 16 juillet 1949 sur les publications destinées à la jeunesse